贛文化通典

──古文卷　第四冊

目錄

▌第一篇▌　唐及唐以前的古文

第二篇　兩宋江西古文

▌第五篇▌　清代江西古文

第六篇　近代江西古文

附錄──

江西歷代古文選

陶淵明三篇

桃花源記

晉太元中，武陵人捕魚為業，緣溪行，忘路之遠近，忽逢桃花林，夾岸數百，中無雜樹，芳草鮮美，落英繽紛。漁人甚異之，復前行，欲窮其林。林盡水源，便得一山，山有小口，仿佛若有光，便舍船，從口入，初極狹，才通人。復行數十，豁然開朗。土地平曠，屋舍儼然。有良田美池桑竹之屬，阡陌交通，雞犬相聞。其中往來種作，男女衣著，悉如外人，黃髮垂髫，並怡然自樂。見漁人，乃大驚，問所從來，具答之。便要還家，設酒殺雞作食，村中聞有此人，咸來問訊。自云先世，避秦時亂，率妻子邑人來此絕境，不復出焉，遂與外人間隔。問今是何世，乃不知有漢，無論魏晉。此人一一為具言所聞，皆歎惋。餘人各復延至其家，皆出酒食。停數日，辭去。此中人語云：「不足為外人道也。」既出，得其船，便扶向路，處處志之。及郡下，詣太守說如此。太守即遣人隨其往尋向所志，遂迷不復得路。南陽劉子驥，高尚士也，聞之欣然親往，未果。尋病終，後遂無問津者。

歸去來辭

余家貧，耕植不足以自給，幼稚盈室，瓶無儲粟，生生所資，未見其術。親故多勸余為長吏，脫然有懷，求之靡途。會有四方之事，諸侯以惠愛為德，家叔以余貧苦，遂見用於小邑。於時風波未靜，心憚遠役。彭澤去家百里，公田之利足以為酒，故便求之。及少日，眷然有歸歟之情。何

則？質性自然，非矯厲所得；饑凍雖切，違己交病。嘗從人事，皆口腹自役，於是悵然慷慨，深愧平生之志。猶望一稔，當斂裳宵逝。尋程氏妹喪於武昌，情在駿奔，自免去職，仲秋至冬，在官八十餘日。因事順心命篇，曰《歸去來兮》，乙巳歲十一月也。

歸去來兮，田園將蕪胡不歸。既自以心為形役，奚惆悵而獨悲。悟已往之不諫，知來者之可追；實迷途其未遠，覺今是而昨非。舟遙遙以輕颺，風飄飄而吹衣。問征夫以前路，恨晨光之熹微。

乃瞻衡宇，載欣載奔。僮僕歡迎，稚子候門，三徑就荒，松菊猶存。攜幼入室，有酒盈樽。引壺觴以自酌，眄庭柯以怡顏。倚南窗以寄傲，審容膝之易安。園日涉以成趣，門雖設而常關。策扶老以流憩，時矯首而遐觀。雲無心而出岫，鳥倦飛而知還。景翳翳以將入，撫孤松而盤桓。

歸去來兮，請息交以絕遊，世與我而相違，復駕言兮焉求。悅親戚之情話，樂琴書以消憂。農人告余以春及，將有事於西疇。或命巾車，或棹孤舟。既窈窕以尋壑，亦崎嶇而經丘，木欣欣以向榮，泉涓涓而始流。喜萬物之得時，感吾生之行休。

已矣乎！寓形宇內復幾時，曷不委心任去留，胡為乎遑遑兮欲何之？富貴非吾願，帝鄉不可期。懷良辰以孤往，或植杖而耘耔。登東皋以舒嘯，臨清流而賦詩。聊乘化以歸盡，樂夫天命復奚疑？

閒情賦

　　初，張衡作《定情賦》，蔡邕作《靜情賦》，檢逸辭而宗澹泊，始則蕩以思慮，而終歸閑正。將以抑流宕之邪心，諒有助於諷諫。綴文之士，奕代繼作，並因觸類，廣其辭義。餘園閭多暇，復染翰為之。雖文妙不足，庶不謬作者之意乎！

　　夫何瑰逸之令姿，獨曠世以秀群。表傾城之豔色，期有德於傳聞。佩鳴玉以比潔，齊幽蘭以爭芬。淡柔情於俗內，負雅志於高雲。悲晨曦之易夕，感人生之長勤。同一盡於百年，何歡寡而愁殷。褰朱幃而正坐，泛清瑟以自欣。送纖指之餘好，攘皓袖之繽紛。瞬美目以流眄，含言笑而不分。曲調將半，景落西軒，悲商叩林，白雲依山。仰睇天路，俯促鳴弦。神儀嫵媚，舉止詳妍。激清音以感餘，願接膝以交言。欲自往以結誓，懼冒禮之為愆。待鳳鳥以致辭，恐他人之我先。意惶惑而靡寧，魂須臾而九還。願在衣而為領，承華首之餘芳，悲羅襟之宵離，怨秋夜之未央。願在裳而為帶，束窈窕之纖身。嗟溫涼之異氣，或脫故而服新。願在髮而為澤，刷玄鬢於頹肩。悲佳人之屢沐，從白水以枯煎。願在眉而為黛，隨瞻視以閑揚。悲脂粉之尚鮮，或取毀於華妝。願在莞而為席，安弱體於三秋。悲文茵之代御，方經年而見求。願在絲而為履，附素足以周旋。悲行止之有節，空委棄於床前。願在晝而為影，常依形而西東。悲高樹之多蔭，慨有時而不同。願在夜而為燭，照玉容於兩楹。悲扶桑之舒光，奄滅景而藏明。願在竹而為扇，含淒飈於柔握。悲白露之晨零，顧襟袖以緬

邈。願在木而為桐，作膝上之鳴琴。悲樂極以哀來，終推我而輟音。考所願而必違，徒契契以苦心。擁勞情而罔訴，步容與於南林。棲木蘭之遺露，翳青松之餘陰。儻行行之有覿，交欣懼於中襟。竟寂寞而無見，獨悁想以空尋。斂輕裾以復路，瞻夕陽而流歎。步徙倚以忘趣，色慘凄而矜顏。葉燮燮以去條，氣凄凄而就寒。日負影以偕沒，月媚景於雲端。鳥凄聲以孤歸，獸索偶而不還。悼當年之晚暮，恨茲歲之欲殫。思宵夢以從之，神飄飄而不安。若憑舟之失棹，譬緣崖而無攀。於時畢昴盈軒，北風凄凄，炯炯不寐，眾念徘徊。起攝帶以伺晨，繁霜粲於素階。雞斂翅而未鳴，笛流遠以清哀。始妙密以閑和，終寥亮而藏摧。意夫人之在茲，托行雲以送懷。行雲逝而無語，時奄冉而就過。徒勤思以自悲，終阻山而滯河。迎清風以袪累，寄弱志於歸波。《尤蔓草》之為會，誦《召南》之餘歌。坦萬慮以存誠，憩遙情於八遐。

王定保一篇

《唐摭言》選三則

散序進士

　　進士科始於隋大業中，盛於貞觀、永徽之際。縉紳雖位極人臣，不由進士者，終不為美，以至歲貢常不減八九人。其推重謂之白衣公卿，又曰一品白衫。其艱難謂之「三十老明經，五十少進士。」其負倜儻之才，變通之術，蘇張之辨說，荊聶之膽氣，仲由之武勇，子房之籌畫，弘羊之書計，方朔之詼諧，咸以是而晦之。修身慎行，雖處子之不若，其有老死於文場者，亦所無恨故。有詩云：「太宗皇帝真長策，賺得英雄盡白頭。」獨孤及撰

《河南府法曹參軍張從師墓誌》云：「從師祖損之，隋大業中進士，甲科位至侍御史，諸曹員外郎。損之生泓，以碩學麗藻名動京師，亦舉進士，自監察御史為會稽令。」（卷一）

進士歸禮部

雋秀等科比，皆考功主之。開元二十四年，李昂員外性剛急，不容物，以舉人皆飾名求稱，蕩主司，談毀失實，竊病之，而將革焉。集貢士與之約，曰：「文之美惡，悉知之矣。考校取捨，存乎至公，如有請託於時，求聲於人者，當首落之。」既而，昂外舅常與進士李權鄰居相善，乃舉權於昂。昂怒，集貢人召權，庭數之。權謝曰：「人或猥知，竊聞於左右，非敢求也。」因曰：「觀眾君子之文，信美矣。然古人云『瑜不掩瑕』，忠也。其有詞或不典，將與眾評之，若何。」皆曰：「唯公之命。」既出，權謂眾曰：「向之言，其意屬我也。吾誠不第，決矣。又何藉焉。」乃陰求，暇以待之。異日會論，果斥權章句之疵，以辱之。權拱手前曰：「夫禮尚往來，來而不往，非禮也。鄙文不臧，既得而聞矣。而執事昔有雅什，嘗聞於道路，愚將切磋，可乎？」怒而嘻笑曰：「有何不可？」權曰：「耳臨清渭洗，心向白雲閑。豈執事之詞乎？」曰：「然。」權曰：「昔唐堯衰耄，厭倦天下，將禪於許由，由惡聞，故洗耳。今天子春秋鼎盛，不揖讓於足下而洗耳，何哉？是時國家寧謐，百寮畏法令，兢兢然莫敢跌。」聞，惶駭蹶起，不知所酬。乃訴於執政，謂權風狂不遜，遂下權吏。初，強愎不受囑請，及是有請求者，莫不允從。由是廷議以省郎位輕，不足以臨多士，乃詔禮

部侍郎專之矣。

論曰：永徽之後，以文儒亨達，不由兩監者稀矣。於時場籍，先兩監，而後鄉貢。蓋以朋友之臧否，文藝之優劣，切磋琢磨，匪朝伊夕，抑揚去就，與眾共之。有如趙邵蕭李婁郭苑陳，靡不名遂功成。交全分契，洎乎近代，厥道寖微，玉石不分，薰蕕錯雜。長我之望殊缺，遠方之來亦乖。止謂群居，固非瓦合。是知生而知之者，性也；學而知之者，習也。渾金璞玉，又何追琢之勞乎？潢汙行潦，又何版築之置乎？紵衣之獻，彼跡疏而道親也。畫龍之劾，斯面交而心賊也。後之進者，定交擇友，當問道之何如。

陳彭年一篇

玉篇序

梁大同九年三月二十八日，黃門侍郎兼太學博士顧野王撰本。唐上元元年甲戌歲，四月十三日，南國處士富春孫強增加字，三十卷凡五百四十二部，舊一十五萬八千六百四十一言，新五萬一千一百二十九言，新舊總二十萬九千七百七十言。

昔在庖犧，始成八卦。暨乎蒼頡，肇創六爻。政罷結繩，教興書契。天粟晝零，市妖夜哭，由來尚矣。爰至玄龜龍馬，負河洛之圖；赤雀素鱗，摽受終之命。鳳羽為字，掌理成書。豈但人功，亦猶天授。故能傳流奧典，鉤探至賾。揚顯聖謨，耀光洪範。文遺百代，則禮樂可知。驛宣成裡，則心言可述。授民軌物，則縣方象魏；興功命眾，則誓威師旅。律存三尺，政仰八成。聰聰責於附別，執士師於兩造。勒功名於鐘鼎，頌美德於神

祇。故百官以治，萬民以察，雕金鏤玉，升崧岱而告平。汗竹裁縑，寫憲章而授政。莫不以版牘施於經緯，文字表於無窮者矣。所以垂帷閉戶，而覿遐年之世。藏形晦跡，而識遠方之風。遵覽篆素，以測九垓，則靡差膚寸，詳觀紀錄，以遊八裔，則不謬毫釐。鑒水鏡於往謨，遺元龜於今體。仰瞻景行，式備昔文，戒慎荒邪，用存古典。故設教施法，無以尚茲。經世治俗，豈先乎此。但微言既絕，大旨亦乖。故五典三墳，競開異義；六書八體，今古殊形。或字各而訓同，或文均而釋異。百家所談，差互不少。字書卷軸，舛錯尤多。難用尋求，易生疑惑。猥承明命，預纘過庭，總會眾篇，校讎群籍，以成一家之制，文字之訓備矣。而學慚精博，聞見尤寡，才非通敏，理辭彌躓。既謬先蹤，且乖聖旨，謹當端笏，擁篲以俟嘉猷。

夏竦一篇

洪州請斷祅巫奏

臣聞左道亂俗，祅言惑眾，在昔之法，皆殺無赦。蓋以奸臣逆節，狂賊亂規，多假鬼神，搖動耳目。漢之張角，晉之孫恩，偶失防閑，遂至屯聚。國家宜有嚴制，以肅多方。竊以當州，東引七閩，南控百粵，編氓右鬼，舊俗尚巫。在漢欒巴，已嘗窮理。爰從近歲，傳習滋多。假託禨祥，愚弄黎庶，剿絕性命，規取貨財。皆於所居，塑畫魅魑，陳列幡幟，鳴擊鼓角，謂之神壇。嬰孺繈褓，已令寄育，字曰壇留壇保之類。及其稍長，則傳習祅法，驅為童隸，民之有病，則門施符術，禁絕往來，斥遠至親，屏去便物，家人營藥，則曰神不許服。病者欲飯，則云神未

聽殣。率令疫人死於饑渴，洎至亡者服用，又言餘祟所憑，人不敢留規以自入。若幸而獲免，家之所資，假神而言，無求不可。其間有孤子單族，首面幼妻，或絕戶以圖財，或害夫而納婦。浸淫既久，習熟為常。民被非辜，了不為怪。奉之愈謹，信之益深。從其言甚於典章，畏其威重於官吏。奇神異像，圖繪歲增。邪籙祅符，傳寫日夥。小則雞豚致祀，斂以還家；大則歌舞聚人，食其餘胙。婚葬出處，動必求師。劫盜鬥爭，行須作水。蠹耗衣食，眩惑里閭。設欲扇搖，不難連結。在於典憲，具有章條。其如法未勝奸，藥弗瘳疾。宜頒峻典，以革祅風。當州師巫一千九百餘戶，臣已勒令改業歸農，及攻習針灸之脈，所有首納祅妄神像、符籙、神衫、神杖、魂巾、魂帽、鍾角、刀笏、沙羅等一萬一千餘事，已令焚毀及納官訖。伏乞朝廷嚴賜條約，所冀屏除巨害，保宥群生，杜漸防萌，少裨萬一。

歐陽脩五篇

夷陵縣至喜堂記

峽州治夷陵，地濱大江。雖有椒、漆、紙以通商賈，而民俗儉陋，常自足，無所仰於四方。販夫所售，不過鱐魚腐鮑，民所嗜而已；富商大賈皆無為而至。地僻而貧，故夷陵為下縣，而峽為小州。

州居無郭郛通衢，不能容車馬。市無百貨之列，而鮑魚之肆不可入。雖邦君之過市，必常下乘掩鼻以疾趨。而民之列處，灶廩匽井無異位。一室之間，上父子而下畜豕。其覆皆用茅竹，故歲常火災。而俗信鬼神，其相傳曰：作瓦屋者不利。夷陵者，楚

之西境，昔《春秋》書荊以狄之，而詩人亦曰蠻荊。豈其陋俗，自古然歟？

景祐二年，尚書駕部員外郎朱公治是州，始樹木，增城柵，甓南北之街，作市門市區。又教民為瓦屋，別灶廩，異人畜，以變其俗。既又命夷陵令劉光裔治其縣，起勅書樓，飾廳事，新吏舍，三年夏，縣功畢。某有罪來是邦，朱公於某有舊，且哀其又以罪而來，為至縣舍，擇其廳事之東，以作斯堂。度為疏潔高明，而日居之，以休其心。堂成，又與賓客偕至而落之。

夫罪戾之人，宜棄惡地處窮險，使其憔悴憂思，而知自悔咎。今乃賴朱公而得善地，以偷宴安，頑然使忘其有罪之憂，是皆異其所以來之意。然夷陵之僻，陸走荊門、襄陽至京師，二十有八驛，水道大江，絕淮，抵汴東水門五千五百有九十里。故為吏者，多不欲遠來，而居者往往不得代，至歲滿或自罷去。然不知夷陵風俗樸野，少盜爭，而令之日食有稻與魚，又有橘柚茶筍，四時之味。江山美秀，而邑居繕完，無不可愛。是非惟有罪者之可以忘其憂，而凡為吏者莫不始來而不樂，既至而後喜也。作《至喜堂記》藏其壁。

夫令雖卑，而有土與民，宜志其風俗變化之善惡，使後來者有考焉爾。（《歐陽文忠公集》卷 39）

王彥章畫像記

太師王公諱彥章，字子明，鄆州壽張人也。事梁為宣義軍節度使，以身死國，葬於鄭州之管城。晉天福二年，始贈太師公。在梁以智勇聞，梁晉之爭數百戰，其為勇將多矣，而晉人獨畏彥

章。自乾化後，常與晉戰，屢困莊宗於河上。及梁末年，小人趙岩等用事，梁之大臣老將多以讒不見信，皆怒而有怠心，而梁亦盡失河北，事勢已去，諸將多懷顧望。獨公奮然，自必不少屈懈，志雖不就，卒死以忠。公既死，而梁亦亡矣。

悲夫！五代終始才五十年，而更十有三君，五易國而八姓。士之不幸，而出乎其時，能不汙其身，得全其節者，鮮矣。公本武人，不知書，其語質，平生嘗謂人曰：「豹死留皮，人死留名。」蓋其義勇忠信，出於天性而然。

予於《五代書》，竊有善善惡惡之志，至於公傳，未嘗不感憤歎息。惜乎舊史殘略，不能備公之事。康定元年，予以節度判官來此，求於滑人，得公之孫睿所錄家傳，頗多於舊史。其記德勝之戰尤詳。又言敬翔怒末帝不肯用，公欲自經於帝前，公因用笏畫山川，為御史彈而見廢。又言公五子，其二同公死節。此皆舊史無之。又云：公在滑，以讒自歸於京師。而《史》云召之。是時，梁兵盡屬段凝，京師羸兵不滿數千，公得保鑾五百人之鄆州，以力寡敗於中都。而《史》云：將五千以往者，亦皆非也。公之攻德勝也，初受命於帝前，期以三日破敵。梁之將相聞者皆竊笑。及破南城，果三日。是時莊宗在魏，聞公復用，料公必速攻。自魏馳馬來救，已不及矣。莊宗之善料，公之善出奇，何其神哉！

今國家罷兵四十年，一旦元昊反，敗軍殺將連四五年，而攻守之計至今未決。予嘗獨持用奇取勝之議，而歎邊將屢失其機。時人聞予說者，或笑以為狂，或忽若不聞。雖予亦惑不能自信，及讀公家傳至於德勝之捷，乃知古之名將，必出於奇，然後能

勝。然非審於為計者，不能出奇，奇在速，速在果。此天下偉男子之所為，非拘牽常算之士可到也。　讀其傳，未嘗不想見其人，後二年，予復來通判州事，歲之正月，過俗所謂鐵槍寺者，又得公畫像而拜焉。歲久磨滅，隱隱可見，亟命工完理之，而不敢有加焉，懼失其真也。公尤善用槍，當時號王鐵槍，公死已百年，至今俗猶以名其寺。童兒牧豎，皆知王鐵槍之為良將也。一槍之勇，同時豈無，而公獨不朽者，豈其忠義之節使然歟？

畫已百餘年矣，完之復可百年，然公之不泯者，不係乎畫之存不存也。而予尤區區如此者，蓋其希慕之至焉耳。讀其書，尚想乎其人，況得拜其像，識其面目？不忍見其壞也，畫既完因書。予所得者於後，而歸其人使藏之。（《歐陽文忠公集》卷39）

正統論上

《傳》曰：「君子大居正。」又曰：「王者大一統。」正者，所以正天下之不正也；統者，所以合天下之不一也。由不正與不一，然後正統之論作。

堯舜之相傳，三代之相代，或以至公或以大義，皆得天下之正，合天下於一。是以君子不論也。其帝王之理，得而始終分明之故也。及後世之亂僭偽興，而盜竊作。由是有居其正，而不能合天下於一者，周平王之有吳徐是也。有合天下於一，而不得居其正者，前世謂秦為閏是也。由是正統之論興焉。

自漢而下至於西晉，又推而下之為宋齊梁陳。自唐而上至於後魏，又推而上之則為漢趙。其帝王之理舛，而始終之際不明，

由是學者疑焉，而是非又多不公。自周之亡迄於顯德，實千有二百一十六年之間，或理或亂，或取或傳，或分或合，其理不能一概。大抵其可疑之際有三，周秦之際也，東晉後魏之際也，五代之際也。秦親得周而一天下，其跡無異禹、湯。而論者黜之，其可疑者一也。以東晉承西晉則無終。以隋承後魏，則無始，其可疑者二也。五代之所以得國者，雖異然同歸於賊亂也，而前世議者獨以梁為偽，其可疑者三也。夫論者何為，疑者設也。

堯舜三代之，始終較然著乎萬世而不疑，固不待論而明也。後世之有天下者，帝王之理或舛，而始終之際不明，則不可以不疑。故曰由不正與不一，然後正統之論作也。然而論者眾矣。其是非予奪，所持者各異，使後世莫知夫所從者。何哉？蓋於其可疑之際，又挾自私之心，而溺於非聖之學也。自西晉之滅，而南為東晉宋齊梁陳，北為後魏北齊後周隋。私東晉者曰：隋得陳，然後天下一。則推其統，曰晉宋齊梁陳隋。私後魏者曰，統必有所受，則推其統曰唐受之隋，隋受之後周，後周受之後魏，至其甚相戾也。則為南史者詆北曰虜，為北史者詆南曰夷，此自私之偏說也。

自古王者之興，必有盛德，以受天命，或其功澤被於生民，或累世積漸而成王業。豈偏名於一德哉！至於湯武之起，所以救弊拯民，蓋有不得已者。而曰五行之運有休王，一以彼衰，一以此勝。此曆官術家之事，而謂帝王之興，必乘五運者，繆妄之說也，不知其出於何人。

蓋自孔子歿，周益衰亂，先王之道不明，而人人異學，肆其怪奇放蕩之說。後之學者，不能卓然奮力而誅之，反從而附益其

說，以相結固。故自秦推五勝，以水德自名，由漢以來，有國者未始不由於此說。此所謂溺於非聖之學也。惟天下之至公大義，可以祛人之疑，而使人不得遂其私。夫心無所私，疑得其決，則是非之異論息，而正統明所謂非聖人之說者可置而勿論也。（卷一六）

為君難論下

嗚呼！用人之難，難矣，未若聽言之難也。夫人之言，非一端也，巧辯縱橫而可喜，忠言質樸而多訥。此非聽言之難，在聽者之明暗也。諛言順意而易悅，直言逆耳而觸怒。此非聽言之難，在聽者之賢愚也。是皆未足為難也，若聽其言則可用，然用之，有輒敗人之事者；聽其言若不可用，然非如其言，不能以成功者，此然後為聽言之難也。

請試舉其一二，戰國時，趙將有趙括者，善言兵，自謂天下莫能當。其父奢，趙之名將，老於用兵者也。每與括言，亦不能屈。然奢終不以括為能也，歎曰：「趙若以括為將，必敗趙事。」其後奢死，趙遂以括為將。其母自見趙王，亦言括不可用。趙王不聽，使括將而攻秦。括為秦軍射死，趙兵大敗，降秦者四十萬人，坑於長平。蓋當時未有如括善言兵，亦未有如括大敗者也。此聽其言可用，用之輒敗人事者，趙括是也。秦始皇欲伐荊，問其將李信，用兵幾何。信方年少而勇，對曰不過二十萬足矣。始皇大喜，又以問老將王翦，翦曰非六十萬不可。始皇不悅，曰：「將軍老矣，何其怯也？」因以信為可用，即與兵二十萬，使伐荊。王翦遂謝病退，老於頻陽。巳而，信大為荊人所敗，亡七都

尉而還。始皇大慚，自駕如頻陽，謝翦，因強起之。翦曰：「必欲用臣，非六十萬不可。」於是卒與六十萬而往，遂以滅荊。夫初聽其言，若不可用，然非如其言不能以成功者，王翦是也。

且聽計於人者，宜如何聽其言，若可用，用之，宜矣。輒敗事聽其言，若不可用，舍之宜矣。然必如其說，則成功，此所以為難也。予又以為秦、趙二主，非徒失於聽言，亦由樂用新進，忽棄老成，此其所以敗也。大抵新進之士，喜勇銳；老成之人，多持重。此所以人主之好立功名者，聽勇銳之語，則易合；聞持重之言，則難入也。若趙括者，則又有說焉。予略考《史記》所書，是時趙方遣廉頗攻秦，頗，趙名將也。秦人畏頗，而知括虛言，易與也，因行反間於趙曰：「秦人所畏者，趙括也。若趙以為將，則秦懼矣。」趙王不悟反間也，遂用括為將，以代頗。藺相如力諫，以為不可。趙王不聽，遂至於敗。由是言之，括虛談無實而不可用，其父知之，其母亦知之，趙之諸臣藺相如等亦知之，外至敵國亦知之，獨其主不悟爾。夫用人之失，天下之人，皆知其不可，而獨其主不知者，莫大之患也。前世之禍亂敗亡由此者，不可勝數也。（卷一七）

《病暑賦》和劉原父作

吾將東走乎泰山兮，履崔嵬之高峰。蔭白雲之搖曳兮，聽石溜之玲瓏。松林仰不見白日，陰壑慘慘多悲風。邈哉不可以坐致兮，安得仙人之術解化如飛蓬。吾將西登乎崑崙兮，出於九州島之外，覽星辰之浮沒，視日月之隱蔽。披閶闔之清風，飲黃流之巨派。羽翰不可以插余之兩腋兮，畏舉身而下墜。既欲泛乎南溟

兮，瘴毒流膏而鑠骨。何異避喧之趨市兮，又如惡影之就日。又欲臨乎北荒兮，飛雪層冰之所聚。鬼方窮髮無人跡兮，乃龍蛇之雜處。四方上下皆不得以往兮，顧此大熱吾不知夫所逃。

萬物並生於天地，豈餘身之獨遭。任寒暑之自然兮，成歲功而不勞。惟衰病之不堪兮，譬燎枯而灼焦。矧空廬之湫卑兮，甚龜蝸之局縮。飛蚊幸余之露坐兮，壁蠍伺餘之入屋。賴有客之哀餘兮，贈端石與蘄竹。得飽食以安寢兮，瑩枕水而簟玉。知其無可奈何而安之兮，乃聖賢之高躅。惟冥心以息慮兮，庶可忘於煩酷。幸余之虛坐兮，虱蠍伺餘於壁屋。（卷一五）

曾鞏四篇

禿禿記

禿禿，高密孫齊兒也。齊明法得嘉州司法，先娶杜氏，留高密。更絀娶周氏，與抵蜀，罷歸。周氏，患齊絀，告縣，齊貲謝，得釋，授歙州休甯縣尉，與杜氏俱迎之官。再期，得告歸。周氏復患，求絕。齊急曰：「為若出杜氏。」祝髮以誓，周氏可之。齊獨之休寧，得娼陳氏，又納之，代受撫州司法。歸間周氏不復見，使人竊取其所產子，合杜氏、陳氏載之撫州。

明道二年，正月至。是月周氏亦與其弟來，欲入據其署，吏遮以告齊。齊在寶應佛寺受租米，趨歸，捽挽至廡下，出偽券，曰：「若，傭也，何敢爾？」辯於州，不直周氏。訴於江西轉運使，不聽。久之，以布衣書里姓聯訴事，行道上乞食。蕭貫守饒州，馳告貫。饒州，江東也，不當受訴。貫受不拒，轉運使始遣吏祝應言，為覆周氏引產子為據。齊懼子見事得，即送匿旁方政

舍，又懼，則收以歸，搢其咽下不死，陳氏從旁引兒足，倒持之，抑其首甕水中，乃死，禿禿也。召役者鄧旺，穿寢後垣下為坎，深四尺，瘞其中，生五歲云，獄上更赦，猶停齊官，徙濠州，八月也。

慶慶三年十月二十二日，司法張彥博改作寢廬，治地得坎中死兒，驗問知狀者，小吏熊簡對如此。又召鄧旺詰之，合獄辭，留州者皆是，惟殺禿禿狀蓋不見。與予言而悲之，遂以棺服斂之，設酒脯奠焉。以錢與浮圖人升倫，買磚為壙，城南五里張氏林下瘞之，治地後十日也。嗚呼，人固擇於禽獸昆蟲也，禽獸昆蟲於其配合孕養，知不相禍也。相禍則其類絕也久矣。如齊何議焉？買石刻其事，納之壙中，以慰禿禿，且有警也，事始末，惟杜氏一無忌言。二十九日，南豐曾鞏作。《元豐類稿》卷一七

南軒記

得鄰之茀地燔之，樹竹木灌蔬於其間，結茅以自休，翼然而樂。世固有處廊廟之貴，抗萬乘之富，吾不願易也。

人之性不同，於是知伏閑隱陋，吾性所最宜。軀之就煩，非其器所長，況使之爭於勢利愛惡毀譽之間邪？然吾親之養無以修，吾之昆弟飯菽藿羹之無以繼，吾之役於物，或田於食，或野於宿，不得常此處也。其能無欲，然於心邪！少而思，凡吾之拂性苦形而役於物者，有以為之矣。士固有所勤，有所肆識，其皆受之於天而順之，則吾亦無處而非其樂，獨何必休於是邪。顧吾之所好者遠，無與處於是也，然而六藝百家，史氏之籍，箋疏之書，與夫論美刺非，感微記遠，山鑱塚刻，浮誇詭異之文章，下

至兵權、曆法、星官、藥工、山農、野圃、方言、地記、佛老所傳，吾悉得於此。

皆伏羲巳來，下更秦漢至今，聖人賢者，魁傑之材，殫歲月，憊精思，日夜各推所長，分辨萬事之說。其於天地萬物，小大之際，修身理人，國家天下，治亂安危，存亡之致，無不畢載。處與吾，俱可當所謂益者之友，非邪？吾窺聖人旨意所出，以去疑解蔽，賢人智者所稱事引類，始終之概，以自廣養吾心。以忠約守而恕行之，其過也改，超之以勇，而至之以不止，此吾之所以求於內者。得其時則行，守深山長谷而不出者非也，不得其時，則止僕僕然。求行其道者，亦非也。吾之不足於義，或愛而譽之者，過也。吾之足於義，或惡而毀之者，亦過也。彼何與於我哉！此吾之所任乎天與人者。然則吾之所學者雖博，而所守者可謂簡；所言雖近，而易知而所任者可謂重也。書之南軒之壁間，蚤夜覽觀焉，以自進也。南豐曾鞏記。（卷一七）

撫州顏魯公祠堂記

贈司徒魯郡顏公，諱真卿，事唐為太子太師。與其從父兄杲卿，皆有大節以死，至今雖小大婦人皆知公之為烈也。初，公以忤楊國忠，斥為平原太守，策安祿山必反，為之備。祿山既舉兵，與常山太守杲卿伐其後，賊之不能直窺潼關，以公與杲卿撓其勢也。在肅宗時，數正言，宰相不悅，斥去之。又為御史唐旻所構，連輒斥。李輔國遷太上皇居西宮。公首率百官請問起居，又輒斥。代宗時，與元載爭論是非，載欲有所壅蔽，公極論之，又輒斥。楊炎、盧杞既相，德宗益惡公，所為連斥之，猶不滿

意。李希烈陷汝州，杞即以公使希烈。希烈初慚其言，後卒縊公以死，是時公年七十有七矣。

天寶之際，久不見兵。祿山既反，天下莫不震動。公獨以區區平原，遂折其鋒，四方聞之，爭奮而起，唐卒以振者，公為之倡也。當公之開土門，同日歸公者，十七郡，得兵二十餘萬，由此觀之，苟順且誠，天下從之矣。自此至公歿垂三十年，小人繼續任政，天下日入於弊。大盜繼起，天子輒出避之。唐之在朝臣多畏怯觀望，能居其間，一忤於世，失所而不自悔者，寡矣。至於再三忤於世，失所而不自悔者，蓋未有也。若至於起且僕，以至於七八遂死，而不自悔者，則天下一人而已，若公是也。

公之學問文章往往雜於神仙浮屠之說，不皆合於理，及其奮然自立能至於此者，蓋天性然也。故公之能處其死，不足以觀公之大。何則？及至於勢窮，義有不得不死，雖中人可勉焉。況公之自信也歟？維曆忤大奸，顛跌撼頓，至於七八，而終始不以死生禍福為秋毫顧慮，非篤於道者，不能如此！此足以觀公之大也。

夫世之治亂不同，而士之去就亦異。若伯夷之清，伊尹之任，孔子之時，彼各有義。夫既自比於，古之任者矣。乃欲眷顧回隱以市，於世其可乎？故孔子惡鄙夫不可以事君，而多殺身以成仁者。若公，非孔子所謂仁者歟？今天子至和三年，尚書都官郎中知撫州聶君某，尚書屯田員外郎通判撫州林君某，相與慕公之烈，以公之嘗為此邦也，遂為堂而祠之。既成，二君過予之家，而告之曰，願有述。夫公之赫赫不可盡者，固不系於祠之有無，蓋人之嚮往之不足者，非祠則無以致其志也。聞其烈足以感

人，況拜其祠而親炙之者歟？今州縣之政，非法令所及者，世不覆議。二君獨能追公之節，尊而事之，以風示當世，為法令之所不及，是可謂有志者也。（卷一八）

徐孺子祠堂記

漢元興以後，政出宦者，小人挾其威福，相煽為惡，中材顧望，不知所為。漢既失其操柄，綱紀大壞。然在位公卿大夫多豪傑特起之士，相與發憤，同心直道正言，分別是非白黑，不少屈其意，至於不容，而織羅鉤黨之獄起。其執彌堅，而其行彌厲，志雖不就，而忠有餘。故及其既歿，而漢亦隨之以亡。

當是之時，天下聞其風、慕其義者，人人感慨奮激，至於解印綬、棄家族，骨肉相勉，趨死而不避。百餘年間，擅強大覬非望者相屬，皆逡巡而不敢發，漢能以亡為存，蓋其力也。

孺子於時，豫章太守陳蕃、太尉黃瓊辟皆不就。舉有道，拜太原太守，安車備禮，召皆不至。蓋忘已以為人與獨善，於隱約其操，雖殊其志，於仁一也。在位士大夫抗其節於亂世，不以死生動其心，異於懷祿之臣遠矣。然而不屑去者，義在於濟物故也。孺子嘗謂郭林宗曰：「大木將顛，非一繩所維，何為棲棲不皇寧處？」此其意亦非自足於邱壑，遺世而不顧者也。孔子稱顏回：「用之則行，舍之則藏，惟我與爾有是夫？」孟子亦稱「孔子可以進則進，可以止則止。」乃所願則學孔子。而《易》於君子小人消長進退，擇所宜處，未嘗不惟其時，則見其不可而止。此孺子之所以未能以此而易彼也。

孺子姓徐名稚，孺子其字也，豫章南昌人。按圖記：章水北

繞南昌城西，歷白社，其西有孺子墓。又北歷南塘，其東為東湖。湖南小洲上有孺子宅，號孺子台。吳嘉禾中，太守徐熙於孺子墓隧種松。太守謝景於墓側立碑。晉永安中，太守夏侯嵩於碑旁立思賢亭。世世修治，至拓跋魏時，謂之聘君亭，今亭尚存。而湖南小洲，世不知其嘗為孺子宅，又嘗為台也。

予為太守之明年，始即其處結茅為堂，圖孺子像，祠以中牢，率州之賓屬拜焉。漢至今且千歲，富貴湮滅者不可稱數，孺子不出閭巷，獨稱思至今，則世之欲以智力取勝者，非惑歟？孺子墓失其地，而台幸可考，而知祠之所以，視邦人以尚德故，並采其出處之意，為記焉。（卷一八）

曾肇兩篇

上哲宗皇帝論經明行修科宜罷投牒乞試糊名謄　之制

臣奉詔詳議三省所定科舉條制，其經義詩賦等科，已與禮部尚書孫永等連狀詳定奏聞。外有經明行修舉人一項，臣竊有愚見，須至前議。

臣伏以國家取士之制，人才之盛衰，風俗之美惡系焉。今設經義詩賦等科，施之一時則可矣。然皆取人以言，而不本其行，方之于古臣，竊以為未也。至於詔內外官，舉經明行修之士，中第之日，稍優其禮，則不獨取之以言，又本其行，其意庶乎近古。然徒使舉之，而不由鄉里之選，又無考察之實，與斯舉者隨眾，投牒試於有司，糊名謄　，校一日之長，則不唯士失自重之誼，且於課試之際，無以別異於眾人。則所謂本其行者，亦徒為虛文而已，恐未稱所以命官薦舉優其恩典之意也。竊觀三代兩漢

人才之盛、風俗之美，後世所以不能及者，取士以行，不專以言故也。今雖未能盡復古制，故經義詞賦等科，未可盡廢。然馴致先王之治，亦宜有漸，則經明行修，謂宜別立一科，稍仿三代兩漢取士官人之法。因今之宜，斟酌損益，要之無失古意而已。至於投牒乞試糊名謄錄之類，非古制者，一切罷之。待遇恩數，盡居經義詩賦等科之上，庶使學者知尊經術、篤行誼，人人勉於自修。自一鄉推之，以至一縣；一縣推之，以至一州；一州推之，以至一路；一路推之，以至天下。則四方之士，莫不知尊經術，篤行誼，以待上之求，應上之用。如是而人才不盛，風俗不美，未之有也。

人才既盛，風俗既美，則所謂經義詩賦等科，非以行誼進者，人將恥為之，不期於廢而自廢矣。如此，則經明行修之舉，有得士之實，不為虛文而已也。或謂以行取人，則有浮偽矯詐之弊，盡去防檢，則有交通請謁之私。臣以謂此殆論者之私憂過計也。夫左道亂眾，色取仁而行違者，固聖人之所深惡。然必有以察之，試之於利害得喪之地，則可見矣。凡人之情，孰不好善，朝廷誠能正心誠意，進任正人；明利義之分，辨榮辱之境，以示天下，則雖蚩蚩之民，莫不用實以應上，況於士哉？然則所謂浮偽矯詐之弊，非所憂也。明考察之方，公進退之法，以任人之得失，為舉者之賞罰，行之以信，持之以久，風俗日入於厚，則交通請謁之私，又非所憂也。

三代兩漢之治，去今遠矣。然臣猶惓惓以此為言者，幸遇朝廷欲得經明行修之士，故臣欲由此而充之。以至於復先王之制，以成朝廷之美，意其言雖迂，其效雖遠，然有志於古者，恐不能

以彼而易此也。伏惟聖慈,特加詳察,如臣言萬一,可採其設科舉士之制。願詔有司取三代兩漢之法,見於今者,參時之宜,裁定其當。(《曲阜集》卷二)

南豐軍山廟碑

禮山林川谷丘陵,能出雲為風雨見怪物,皆曰神。諸侯在其地則祭之,又曰山林川穀丘陵,民所取材用也,非此族也,不在祀典。夫穀卑於川,丘陵卑於山,苟有益於人,皆蒙報禮。若崇高廣大,拔出其類,而能禦災興利,為一鄉一邑之望者,其受命天子,享有廟食,豈非稱哉!

軍山,南豐之望也。考其圖記:其高十有九里餘二百,其上,四峯崛起,望之蒼然。其旁飛瀑一瀉千尺,其下龍穴,投以鐵石,雨輒隨注。其產竹箭材章,利及比壤。縣固多大山,而茲山傑出,見於百里之外。其勢雄氣秀,若蹲虎兒而翔鳳鸞。宜其能出雲雨,見怪物,給民材用,以為此邦之望也。舊傳,漢吳芮嘗攻南粵,駐軍此山,其將梅鋗祭焉。禮成,若有士騎麾甲之狀,彌覆山上,因號軍山。邦人祀之,蓋自茲始。

唐開元中,復見靈跡,乃大建祠宇,承祀益虔。後其廟屢遷,今在盱江之陽,距縣七里者,南唐升元三年之遺趾也。闔境祈禳,有請輒應,歷千餘年,而封賚未加,民以為歉。部使者請於朝,久之不報。

元符三年六月上日,今丞相曾公布時知樞密院事,奏:「臣,南豐人,知軍山為舊部使者之言,不誣。願如其請。」詔封神為嘉惠侯廟,曰「靈感軍山廟」。命書下,臨邦人動色,相

與嘉神之功，佟上之賜。乃合財力，廣其廟而新之。廟成，丞相屬其弟肇，為之記。

蓋南豐、南城舊皆臨川屬邑，南唐始分，二縣置建武軍，今號建昌，國初改也。軍在大江極南，而南豐又其窮處，地迫兩粵。然其風氣和平，無瘴氛毒癘之虞，水土衍沃，飛蝗不至。故歲常順成，而饉饑之災少，民寡求而易足。故椎埋鼓鑄，盜奪之奸，視諸其鄰，有弗為也。

自唐末喪亂，中原五易姓，而此邦恬然，兵火莫及。逮本朝受命，休養生息，百四十年，戶口蕃庶，室家豐樂。雖八聖德澤，涵濡覆露，亦神之幽贊，為福使然。揆實正名，既見褒寵，宜有文字以垂無窮，故為書本末，且綴以詩，使邦人春秋歌以祀焉。詩曰：

　　土膏起兮，流泉駛兮，牧徂於田，偕婦子兮。既耕且藝，耘且耔兮。一歲之功，在勤始兮。野無蟊螟，塘有水兮。非神之力，其誰使兮。我苞盈兮。我實成兮。揮鐮銍銍，風雨聲兮。囷倉露積，如坻京兮。遺秉滯穗，富鰥煢兮。飲食勸酬，銷忿爭兮。儻非神助，歲莫登兮。我有室家，神所佑兮。我有庬倪，神所壽兮。神之惠我，維其舊兮。上之報神，亦云厚兮。釃酒刑牲，豆杯豐兮。吹簫考鼓，聲逢逢兮。我民薦獻，無終窮兮。千秋萬歲，保斯宮兮。（卷四）

王安石五篇

上時政疏

年月日，具位臣某，昧死再拜上疏尊號皇帝陛下：臣竊觀自古人主享國日久，無至誠惻怛憂天下之心，雖無暴政虐刑加於百姓，而天下未嘗不亂。自秦已下，享國日久者，有晉之武帝、梁之武帝、唐之明皇。此三帝者，皆聰明智略，有功之主也。享國日久，內外無患，因循苟且，無至誠惻怛憂天下之心，趨過目前，而不為久遠之計，自以禍災可以無及其身，往往身遇災禍，而悔無所及。雖或僅得身免，而宗廟固已毀辱，而妻子固已困窮，天下之民固已膏血塗草野，而生者不能自脫於困餓劫束之患矣。夫為人子孫，使其宗廟毀辱，為人父母，使其比屋死亡，此豈仁孝之主所宜忍者乎？然而晉、梁、唐之三帝，以晏然致此者，自以為其禍災可以不至於此，而不自知忽然已至也。

蓋夫天下至大器也，非大明法度，不足以維持；非眾建賢才，不足以保守。苟無至誠惻怛憂天下之心，則不能詢考賢才，講求法度。賢才不用，法度不修，偷假歲月，則幸或可以無他，曠日持久，則未嘗不終於大亂。

伏惟皇帝陛下，有恭儉之德，有聰明睿智之才，有仁民愛物之意，然享國日久矣。此誠當惻怛憂天下，而以晉、梁、唐三帝為戒之時。以臣所見，方今朝廷之位，未可謂能得賢才，政事所施，未可謂能合法度。官亂於上，民貧於下，風俗日以薄，財力日以困窮，而陛下高居深拱，未嘗有詢考講求之意。此臣所以竊為陛下計，而不能無慨然者也。

　　夫因循苟且，逸豫而無為，可以徼幸一時，而不可以曠日持久。晉、梁、唐三帝者，不知慮此，故災稔禍變，生於一時，則雖欲復詢考講求以自救而已，無所及矣。以古準今，則天下安危治亂，尚可以有為。有為之時，莫急於今日。過今日，則臣恐亦有無所及之悔矣。然則以至誠詢考而眾建賢才，以至誠講求而大明法度，陛下今日其可以不汲汲乎？《書》曰：「若藥不瞑眩，厥疾弗瘳。」臣願陛下，以終身之狼疾為憂，而不以一日之瞑眩為苦。

　　臣既蒙陛下采擇，使備從官，朝廷治亂安危，臣實預其榮辱，此臣所以不敢避進越之罪，而忘盡規之義。伏惟陛下深思臣言，以自警戒，則天下幸甚。《臨川集》卷三九

先大夫述

　　王氏其先出太原，今為撫州臨川人，不知始所以徙。其後有隱君子某生，某以子故贈尚書職方員外郎。職方生衛尉寺丞某，公考也。公諱某，始字掞之。年十七，以文幹張公詠。張公奇之，改公字舜良。祥符八年得進士第，為建安主簿。時尚少，縣人頗易之。既數月，皆畏翕然，令賴以治。嘗疾病，闔縣為禱祠。縣人不時入稅，州咎縣。公曰：「孔目吏尚不時入稅，貧民何獨為邪？」即與校至府門，取孔目吏以歸杖二十，與之期三日，盡期，民之稅亦無不入。自將已下皆側目。為判官臨江，軍守不法，公遇事輒據爭之以故事。一政吏為文書，謾其上，至公輒閣。軍有蕭灘，號難度，以腐船度輒返。吏呼公為判官灘。云豪吏大姓至相與出錢，求轉運使下吏。出公領新淦縣，縣大治。

今三十年，吏民稱說如公在。改大理寺丞，知廬陵縣，又大治。移知新繁縣，改殿中丞。到縣，條宿奸數人，上府流惡處，自餘一以恩信治之。嘗歷歲不笞一人。

知韶州，改太常博士，尚書屯田員外郎。夷越無男女之別，前守類以為俗。然即其得可已皆弗究。公曰：「同是人也，不可瀆其倫。夫所謂因其俗者，豈謂是邪？」凡有萌蘗，一切擿矜窮治之。時未幾，男女之行於市者，不敢一途。胡先生瑗為政，范亦掇公此事。部縣翁源多虎，公教捕之。民言虎自斃者五，令斷虎頭興致州為頌以獻。公麾興者出，以頌還令，其不喜怪，不以其道說之，不說也如此。

蜀効忠士屯者五百人，代不到，謀叛。韶小州，即有變，無所可枝梧。佐吏始殊恐，公不為動，獨捕其首五人，即日斷流之，移出之界。佐吏固爭，請付獄。既而聞其徒謀，若以首赴獄，當夜劫之以叛。眾乃愈服。公完營驛、倉庫，建坊道、隨所，施設有條理。長老言：「自嶺海服朝廷，為吾置州守，未有賢公者。」

丁衛尉府君憂，服除，通判江寧府。寶元二年二月二十三日以疾棄諸孤官下，享年四十六。

公于忠義孝友非勉也，宦游常奉親行。獨西川以遠，又法不聽。在新繁，未嘗劇飲酒。歲時思慕，哭殊悲。其自奉如甚嗇者，異時悉所有又貸於人治酒食，須以娛其親，無秋毫愛也。人乃或以為奢。居未嘗怒笞子弟，置酒，從容為陳孝悌仁義之本，古今存亡治亂之所以然。甚適其自任，以世之重也。雖人望公則亦然。卒之官，不充其材以夭。嗚呼！其命也。母謝氏以公

故，封永安縣君。娶某氏，封長壽縣君，子男七人，女一人，適張氏。（卷七一）

同學一首別子固

江之南，有賢人焉，字子固，非今所謂賢人者，予慕而友之。淮之南，有賢人焉，字正之，非今所謂賢人者，予慕而友之。二賢人者，足未嘗相過也。口未嘗相語也，辭幣未嘗相接也。其師若友，豈盡同哉？予考其言行，其不相似者何其少也！曰：學聖人而已矣。學聖人，則其師若友。必學聖人者，聖人之言行豈有二哉？其相似也適然。

予在淮南，為正之道子固，正之不予疑也。還江南，為子固道正之，子固亦以為然。予又知所謂賢人者，既相似又相信不疑也。

子固作《懷友》一首遺予，其大略欲相攀以至乎中庸而後已。正之蓋亦常云爾。夫安驅徐行，中庸之庭，而造於其堂舍，二賢人者而誰哉？予昔非敢自必其有至也，亦願從事於左右焉爾。輔而進之，其可也。

噫！官有守，私有系，會合不可以常也。作《同學》一首別子固，以相警且相慰云。（卷七一）

上歐陽永叔書

今日造門，幸得接餘論以坐，有客不得畢所欲言。某所以不願試職者，向時則有婚嫁葬送之故，勢不能久處京師。所圖甫畢，而二兄一嫂相繼喪亡。於今窘迫之勢，比之向時為甚。若萬

一幸被館閣之選，則於法當留一年。藉令朝廷憐閔，不及一年，即與之外任，則人之多言，亦甚可畏。若朝廷必複召試，某以必以私急固辭。竊度寬政，必蒙矜允。然召旨既下，比及辭而得請，則所求外補，又當遷延矣。親老口眾寄食於官舟，而不得躬養，於今已數月矣。早得所欲，以紓家之急，此亦仁人宜有以相之也。翰林雖嘗被旨與某試，然某之到京師，非諸公所當知。以今之體，須某自言，或有司以報，乃當施行前命耳。萬一理當施行，遽為罷之，於公義，亦似未有害。某私計為得，竊計明公當不惜此區區之意，不可以盡，唯仁明憐察而聽從之。

其二

某以不肖，願趨走於先生長者之門久矣。初以疵賤，不能自通。閣下親屈勢位之尊，忘名德之可以加人，而樂與之為善。顧某不肖，私門多故，又奔走職事，不得繼請左右。及此蒙恩，出守一州，愈當遠去，門牆不聞，議論之餘，私心眷眷，何可以處？道途邅回，數月始至敝邑。以事之紛擾，未得具啟，以敘區區響往之意。過蒙獎引，追賜詩書，言高旨遠，足以為學者師法。惟褒被過分，非先進大人所宜施於後進之不肖。豈所謂誘之，欲其至於是乎？雖然，懼終不能以上副也。輒勉強所乏，以酬盛德之貺，非敢言詩也，惟赦其僭越，幸甚。

其四

某以疵賤之身，聞門願見非一日，積幸以職事。二年，京師以求議論，蒙恩不棄，知遇特深，違離未久，感戀殊甚。然以私

門多故，未嘗得進一書，以謝左右。

伏蒙恩憐，再賜手書，推獎存撫，甚非後進所當得於先生大人之門。以愧以恐，何可以言也。秋冷，伏惟動止萬福，惟為時自重，以副四方瞻望之意。

祭歐陽文忠公文

夫事有人力之可致，猶不可期，況乎天理之溟漠，又安可得而推。惟公生有聞於當時，死有傳於後世。苟能如此足矣，而亦又何悲。如公器質之深厚、智識之高遠，而輔學術之精微，故充於文章，見於議論，豪健俊偉，怪巧瑰琦。其積於中者，浩如江河之停蓄；其發於外者，爛如日星之光輝；其清音幽韻，淒如飄風急雨之驟至；其雄辭閎辯，快如輕車駿馬之奔馳。世之學者，無問乎識與不識，而讀其文，則其人可知。

嗚呼！自公仕宦四十年，上下往復，感世路之崎嶇。雖屯邅困躓，竄斥流離，而終不可掩者。以其公議之是非，既壓復起，遂顯於世，果敢之氣、剛正之節，至晚而不衰。方仁宗皇帝臨朝之末年，顧念後事，謂如公者可寄以社稷之安危，及夫發謀決策，從容指顧，立定大計，謂千載而一時，功名成就，不居而去。其出處進退，又庶乎英魄靈氣，不隨異物腐散，而長在乎箕山之側與潁水之湄。然天下之無賢不肖，且猶為涕泣而噓欷；而況朝士大夫平昔游從，又予心之所向慕而瞻依。

嗚呼！盛衰興廢之理，自古如此，而臨風想望，不能忘情者，念公之不可復見，而其誰與歸？

王安國一篇

後周書序

《周書》本紀八，列傳四十二，合五十篇。唐令狐德棻請撰，次而詔德棻與陳叔達、庾儉成之。仁宗時，出太清樓本，合史館秘閣本，又募天下獻書，而取夏竦、李巽家本，下館閣，是正其文字。今既鏤板以傳學官，而臣等始預其是正，又序其目錄一篇，曰：

周之六帝，當四海分裂之時，形勢劫束，毅然有志合天下於一，而材足以有為者，特文帝而已。文帝召蘇綽於稠人之中，始知之未盡也。臥與之言，既當其意，遂起，並畫夜諮諏酬酢，知其果可以斷安危治亂之謀，而詘已以聽之。考於書，唯府兵之設，斂千歲已散之民而係之於兵，庶幾得三代之遺意，能不駭人視聽？以就其爭而效見於後世。文帝嘗患文章浮薄，使綽為《大誥》以勸，而卒能變一時士大夫之製作。然則勢在人，上而欲鼓舞其下者，奚患不成？雖然，非文帝之智，內有以得於己；而蘇綽之守，外不詘於人，則未可必其能也。以彼君臣之相遭，非以先王之道，而猶且懇懇以誇言之。又況無所待之豪傑，可易以畜哉！

夫以德力行仁，所以為王霸之異，而至於詘已任人，則未始不同。然而君能畜人者，天下之至難。《傳》曰：「取人以身，修身以道，修道以仁。」蓋道極於不可知之神，而人有其質，推之為天下國家之用者，以其粗爾。然非致其精，於己則其粗，亦不能以為人惟能自愛，其身則內不欺其心，外不蔽於物。然後好

惡無所作，而尚何有己哉？能無己始可以得己，而足以揆天下之理，知人之言而邪正，無以廋其實，尚何患乎？論之不一哉，於是賢能任使之盡其方，而吾所省者，以天下之耳目，而小人不能托忠以誣君子。又從而為之勸禁，則小人忿欲之心，已黜於冥冥之際。君子樂以其類，進而摩厲，其俗凜然有恥。君臣相與謀於上，因敝以新法度，而令馳騖於下者，有忠信之守，而無附會遷就之患，則法度有拂於民，而下不以情赴上者乎？

蓋虛然後能受天下之實，約然後能操天下之煩。垂纓攝衽，俯仰堂廟，無為以應萬幾者，致其思而已矣。夫思之為王者事，君臣一也，勢則異焉。世獨頌堯舜之無為，而安知夫人主自宜無為，而思則不可一日已也。《書》曰「思」曰「睿」，楊雄曰「於道」，則勞其不然歟！蓋夫法善矣，非以道作，其人則不能為之守。而民之多寡，物之豐殺，法度有視而革者，必待人而後謀，則是可不致其思乎？苟未能此，而徒欲法度之革者，是豈先王為治之序哉？彼區區之周，何足以議，徒取其能，因一時君臣之致好，猶足以見其效，又況慨然行先王之道，而得大有為之勢，是固不宜無論也。《宋文鑒》卷九〇

王安禮一篇

言時政札子

臣聞和氣致祥，乖氣致異，人事失於下，變象見於上，感之以德，則咎異消忽，而不戒則禍敗至。蓋天以君為子，愛之顧之，可謂至矣。政一弗迪，則垂象譴告，將欲人君悔過遠非，慎微省事，以自全安也。自昔言災異者皆不出此。

乃者彗出西方，異之甚者。陛下恐栗，祗畏避宮省膳，亟下明詔，敷求直言。乾道昭然，今則消復。臣聞無災而懼，禍亦不萌，患至而思咎，將誰執當？陛下思變，責躬之日，臣實不敢懷未信謗己之嫌。恭惟陛下即位以來，憂勤庶政，興起敝廢，總持權綱，可謂欲治之主，不世出矣。有仁民愛物之心，而澤不下究；有溫恭好問之實，而壅於上聞。廣土眾民未躋既富；萬方黎獻，罔或匯徵。在位多素餐之譏，比屋無囷空之頌。是非雜糅，賢不肖混淆，民勞於室，譴見於天。臣竊思其由，未知其實。意者左右之臣不均不直，謂忠者為不忠，謂不賢者為賢，朋黨比周，讒忌蔽塞，以惑陛下之聰明歟？任職言事之臣，附勢以亂情偽，倚法以徇愛憎，賞不及功，罰不當罪，而政事不得其平歟？乘權附利之臣，不察惠養閔仁之意，用力殫於溝瘠，取利究於園夫，兵民嗷嗷，或致愁歎，人不得安而失職歟？凡此數者，足以干陰陽之和，致乖沴之氣，天象之差，幾在於此。

　　陛下仁慈孝友格於皇天，外無狗馬玩好之求，內無險詖私謁之事。是陛下修之於上，正之於朝廷，而群臣隳之於私室。伏願陛下察觀親近之行，使無以濟其私；杜群枉之門，使得以歸於直省。不急之改作，紓弗勝之力役，凡可弛以利民者，一切罷之。則善言可以退舍，美意可以延年，復見於今日矣。若夫貶損之舊章，祈禳之小數，臣竊恐皆非陛下所以昭事上帝之意。臣羈孤蠢愚，旁無佽助，獨蒙陛下拔擢，幸得待罪從臣，常懼無以報稱，故敢冒昧不避斧鉞之誅，以先眾臣。唯陛下留神裁擇，不勝幸甚，干冒天威，臣俯伏俟命之至。《王魏公集》卷四

劉敞兩篇

送楊郁林序

郁林名郡也，太守尊官也，其任不輕矣。然而當拜者，輒以炎瘴霧露為解。天子以謂此皆全軀保妻子之臣，無憂國之風，皆置不用。而詔丞相擇刺史之賢者，使舉奇偉倜儻之士，以充其選，於是大人部荆州，詔書先至，則以楊侯聞，天子可焉。遂自郡從事遷廷尉丞，假五品服以行，別賜錢十萬，眾皆榮之。然楊侯既受命，退而治裝，泛然不以為喜。聞嶺海之說，風土之異，漠然不以為憂，如他日焉。人皆曰楊侯矯亢人也。嗚呼，

前世之所以能治也，為官擇人；後世之所以不治也，為人擇官。彼庸庸之臣，志得意滿，坐而養交，以饕富貴，真若長者。一旦有境外之事，憂畏首鼠，堅以死避，世常有之。夫不可使往，《春秋》貶焉。若無君子，何以矯也。吾以楊侯矯世之君子，《春秋》之徒歟？推此心也，雖在山海之外，而加千乘之國，其有難治哉？於其行，序以贈之。（《公是集》卷三五）

雙廟記

淮西於古，為豫州，唐武氏改制，稱受命，諸李多失職。越王正以刺史與所部兵討不當立，既而兵敗，王自殺。吏蹤跡黨與，窮治之數千人，皆列大逆。于時，武氏方以刑立威，大臣坐飛語，不問曲直，皆族夷。以故，知越事多濫，無敢救者。狄梁公為刺史，獨倡言脅從非首，惡不當坐。奏疏免之，竟全此數千人。

其後百餘歲，當憲宗時，豫州已更號。察節度使吳元濟據城反，天子引天下兵征之不順，攻之不勝，戍之不服。丁壯苦，軍旅老弱疲轉餉，士大夫咸共怒，而將顏將重將古將武將通，四面擊之，以盡力戰，盡誅為意。而李太尉獨任智策，夜入其城，縛之，不殺一人。所以使百姓復見禮義，脫於戮死。

嗚呼！梁公可謂賢相，太尉可謂賢將矣。其恩厚，其施博，屍而祝之，不亦宜也哉。開元中，刺史元通理始作《感德碑》，載梁公之仁。其後，段文昌作《平淮西碑》，明太尉之功，而俱不為祠堂，使民無所追享。

宋興八十載，知軍州事王質詢問其故，歎曰：「善，為後慕之也。豈可使二公不祀哉？度地以作廟，異室而同宇，南面上左未及成，質遷又十餘歲數，換守帥莫克就者。今太守至，遂就之，庭宇甚設，儀衛甚飾，歲時報焉，水旱禱焉。嗚呼！德之不朽者如此，夫使凡相者，而皆若梁公，則治安得不平？使凡將者，而皆若太尉，則功安得不成？然則，廟此者非徒思昔人而已，亦為來者允蹈之也。不可不刻石，以謹其始故，於是乎書。質者，丞相旦弟子，清淨慈惠，為政不煩苛，官至天章閣待制、尚書郎中，所居見稱。卷三六

劉攽一篇

貢舉議

臣准御史台告報進，詔書天下學校貢舉之法，博訪臣等，今得詳議者。臣愚以謂人主之舉事，與人臣之獻議不同。人臣之議者，盛言古事以為高，侈言己忠以為博，迂遠而不切事情，漫汗

而不濟世務。雖已自知，其無益於治矣。而猶為之，何也？其言之有理，其持之有故，其名之所存，足以誇眾炫俗，故敢為而不疑耳。人主之舉事則不然，度時之所宜，因俗之所安，不為虛名而棄實效，不慕遠業而捐近功。使令出而言必信，事舉而俗必定。故與其出令不當，而亟改之，不若謀事於始，而慎慮也。

　　今陛下患選舉之法不明，教育之方未善，此必有以前古久遠之事，感動上聽者，不可不察也。本朝承百王之末，創起律令，雖未及三代，其隨時因俗之宜，應變增損不常，亦成一朝之制，而選舉之法，行之百有餘歲，累朝將相名卿，及今之所謂賢材，與共天下之論議者，皆非以他途進者也，而誣以未嘗得人，臣竊以為過矣。

　　且臣論之，今時選舉之患，不在創法之未善，而在有司之弗良；不患試言之非要，而患聽者之不察。何以言之？今國家求賢良異材之人，則使公卿薦舉；求文學經術之士，則使郡縣推擇。此雖三代取士，何以過此？《帝典》之言曰：「敷納以言」，孔子曰：「不知言，無以知人」也。然則未知人，莫如聽言。故國家試士以文詞，亦二帝敷納之比也。誠使有司兼仲山將明之才，懷孟子知言之術，精聽慎擇，則賢不肖豈不較然？由今觀之，取士之法，本未嘗失，而有司之聽，或不能盡。今以有司之不能盡而變法，法雖亟變，而不擇人付之，雖法如三代，猶將終無益也。

　　議者或謂文詞之為藝，薄陋不足以待天下之士。臣愚以謂今進士之初仕者，不過得為吏部選人。國家待門蔭恩澤者，亦為選人，流外小吏，亦為選人。選人如此之卑也，而天下之士，以文

詞應此選，豈不固有餘裕哉？

朝廷設置何等爵祿，而更艱難其選乎？且進士成名者，國家亦何嘗便以為才傑而任用之。或以文章顯，或以法律用，或以善政事稱，或以治財賦進，皆待其來日成效，而後有取則。夫取士之始，亦何用斬斬吝惜，若不得已哉？且朝廷欲更選舉之法，將以想望高材豪傑之士也。今天下之士，至於禮部者歲不下二千人，朝廷豈能以玉帛之聘、弓旌之招，而遍得此乎？必亦使之投牒自進耳。士之投牒自進，必非豪傑之士，伊尹、管仲之儔。雖更其科試而取之，徒小異其名目，然其得士，未有以異於前也。更恐好利銜鬻之人，崇虛名以亂真，則取士之失，又甚於往日矣。

議者又謂：不如一用鄉舉里選者。此又知其一，未知其二也。夫二漢之用鄉舉里選，所以得人者，其時郡縣之吏，自廷掾、諸曹、卒史、馭吏、亭長、遊徼皆賢士為之，故其臨財不苟，則知其廉；值事能斷，則知其智。文武材略，莫不畢效。故其譽之有實，舉之不難。自流品分別，郡縣吏卒，棄絕為賤，不齒於搢紳賢士，不復從此役。士之居鄉里者，何由察知？苟憑虛名以進人，後有不稱，將復相與蔽護其短，而謂之材，終亦不得真賢實廉矣。是鄉舉里選，又不可盡用也。凡此數端，皆臣所以深疑者也，不知臣之愚陋至此耶，抑亦千慮將有一得也。然愚者之志，專則難移。故臣願朝廷且毋庸輕變選舉之法，不如因舊法而慎選，有司之為愈也。

雖然，尚有一說，今有人於此，明辯足以判獄訟，智略足以治財賦，而文詞不足以自發，經藝不至於浹洽，則將捐棄終身，

無仕進之望，其才豈不可惜哉？臣願陛下為設從政科，使公卿及監司舉所知以充選，必有舉者三人，乃召而用之。且毋以為真，試之三年，才任其事，然後命之以官。即不可使，復還為民，而坐其舉者。如此，則天下之材士，殆無遺逸矣。

臣聞教育之法，所以治性也。性修則智明，智明則應物不惑，不惑則盛德之士也。自兩漢以來，學者未嘗不以利祿為心。夫可誘以利祿，而勉強為善，則德性離矣。是故造士不及三代者，由此也。今陛下建學校為置明師，而誨導之，毋問其所學，毋限其所能，則資材莫不養育矣。若惡文章之敝，而以經藝勸之。學者之志，不出於為利祿也。則文章之士，變而為經藝，雖曰不同，其離於德性也。天之生材，有昏有明。智明材大者，非小智小識之所能掩也。及其淺晦下材，雖日撻之，亦終不能以致高大。士修之於家，足以成材，亦何待學官程課督趣之哉？《彭城集》卷二四

孔文仲一篇

文帝論

漢之兩京，其治為近於正心修身以化天下者，莫如孝文帝。躬行以率下，其跡著明者，莫如節儉。班固稱：其在位二十餘年，宮室園囿無所增加，至於身衣弋綈之服，帷帳無文繡之飾，則其行之於身者，可謂至矣。宜其天下之民，靡然革其故俗而從之。賈誼推極其弊，乃以為禮義廉恥，不行於天下，天子之服而庶人得以衣，倡優被牆屋。由是觀之，民之奢侈而僭上，驕汰而無節，蓋亦未有過於此時也。豈帝王之行，不足以率天下之民

哉？蓋文帝之所以率民者，未有以盡其方也。

　　凡為治之體有風化，而又有法度。風化所以動民之心，法度所以動民之志。兩者相為用，而未嘗可以偏廢者。風化有餘，而法度不足，雖黃帝堯舜復出，猶不能使天下胥勸而為善也。先王知其若此也，故為之制度之密，紀綱之詳，頒之天下以束其心體，齊其耳目。故宮室之用、器服之飾、車輿之節、人徒之數，自天子至於委吏，由京師被於海表，斟酌處置，錙銖分寸之間，皆有條理而不亂。使之馴飭而不至於拘，優遊而不至於蕩。下者不得進而慕上，尊者不得俯而從卑。則是所以調劑天下之民者，盡於此矣。猶懼夫斯民之未深知也，於是月告之，時誥之，歲曉之，設官師以勸之於鄉閭，立師友以講之於庠序。使知夫循理奉法之榮，愈分犯上之辱。夫如是，故下之民雖豪悍忍訐者，莫不愧羞勉激，以從上之令，而後風化得行焉。文帝之為天下也，嘗有法度紀綱以節制之歟？常月告之，時誥之，歲曉之，使知禮義之可貴歟？皆未嘗聞也，則天下之民，將何所依歸，向風而就先王之禮哉？此其雖有修已之勤，而卒無化俗之效也。下至孝武，慨然有意修太平之治，於是疇諮海內，招徠俊良，與之議文章，改制度。而武帝未嘗行之於身，故天下亦莫之信。其為治之跡，與孝文異而其實一也。臣故曰風化、法度兩者為用，而未嘗可以偏廢也。（《清江三孔集》卷二）

孔武仲一篇

信州學記

　　信州新學作於元豐五年十一月之庚寅，成於明年三月之乙

未。既成，州之學者相與造余而言，請為之記。

惟聖宋剗五代之敝，合併四海，仁義禮樂之澤，浹於民心者，百有餘年。而熙寧以來，學校最盛。內自京師，旁達邊郡，聚士有舍，講業有師。課試誦說與夫賞罰升黜之法，日增月長，以至大備。四方之士幸遭太平，君子長養人材之時，贏糧束書，爭集黌舍，惟恐在後。

信為江東之遠州，南屬閩，東被浙，士之待舉者七百餘人，而例不除學官。前此三年，天子從使者之請，以州官兼治學事。餘適為幕中吏，得以承乏庠序，其地在子城之東，形勢庳窄，民盧挾其旁，山林蔽其後，居處無夏屋，出入無高門。而士之來者，猶相望不絕，何也？彼相招以講習論辨之益，而于居處之安，則未暇議也。夫居不求其安者，士之分也。上之所以待士者，豈當若此乎？

《傳》曰：「處士就閒燕」，蓋教之不以其道，與居之不以其地，其病一也。在位者孰不欲有為，以厭滿人心之所願？然文書有上下之稟，議論有同異之惑。財局於府庫，而不可出；力隱於兵民，而不得用，此事之所以常廢，而人不被其澤也。竊為學者憂之。

會轉運判官郟公亶知州事，楊公仲孺相與謀議，以招學者為先急。乃發庫錢五十萬以付有司。而餘實與二三聯事之人，升降險阻，擬度廣輪。凡地之在民者，勸以貿易，良材堅甓，出於諸縣，然後隳山發石，剪斫草木。高者損以為平，狹者培以為廣，旁積步道，以屬於舊學之北，而營其上，為經史之閣，教授之堂，諸生之舍。環起參出，整若棋局。視舊之廣，加倍以增高。

文有三尺，諸山森然，若翔若踴，出於三面。使士之來者，去湫隘而即亢爽，脫卑暗而登高明。又為之大其正門，其牆垣，庖湢之所，皆易新之，而飲食燕息之具滋設。此余與二三同僚所以佐公上之命，而勸相學者之萬一也。

夫學之道，先後有倫，始卒有漸，不得其端。雖有強力，不可以至也。孟子曰：「學則三代共之，皆所以明人倫也。」夫所謂人倫者，豈小乎哉？其分見於君臣、父子之間，其守寓於仁義忠信之際，其文禮樂詩書，其聲鐘鼓琴瑟。士之志於道者，不憚歲月以遊心於其間，至於四十年焉，則可以仕矣。此聖人所謂不惑之時也，充之益廣，浚之益深，又十年焉，則性命之理較然於前。若數一二，則可以為大夫矣。此聖人所謂知天命之時也。

然則知天命當在四十以後，而學之所教者，未成材之士也。古之人知此而求之，是以行應規矩，智揆萬變處焉，可以為子弟師法出焉，足以有功烈於民。蓋道德在我，則其成物為不難也。今學者既得朋友以相與處矣，則學之序可以不知哉？按舊學作於嘉祐七年，距今未遠，而棟樑有敗折者，甓瓦有斷缺者，物之興壞不可久，其勢如此。後數十年間，則今日之新，豈特為故耶？意必有更而大之者，不為之記，則懼無以知所以興作之詳也。乃為之書，使來者稽焉。（卷一四）

孔平仲一篇

與張大博啟

伏以天下之士，孰不汲汲而相求；君子之心，何必區區而後信。或一言而志合，或目擊而道存。乃於邂逅之間，識其平生之

際。其雖甚鄙，竊學於茲。然其聰明，未足盡諸於已，至於去就，敢有擇於他人。雖淺陋不知其它，每踴躍欲行其素。觀百世之上，見忠義而必嘉，況一時之中，有正直而不比。知縣大博，菢官劇邑，敷惠遠民，頃因經從，幸遂請謁，始見於簿書之冗，剖決如流，再從於樽酒之歡，是非必當。指明奸邪，而曲見情偽，刺譏權近，而不畏謗嫌。剛氣發而縱橫，滿座為之辟易。

惟是慕德，將以為師。迫于南歸，故從容之不暇；及其遐想，翻悔恨以無窮。恭惟自得之深養而愈大，特立之介守而不回。擢居諫諍，則有汲黯之風；進參左右，則勵魏公之節。使蒼生之望，得皆見乎古人，小子之知，不自負於今日。下情祝願，豈勝拳拳之至？（卷三〇）

李覯兩篇

野記二篇並序

予居東郊外，耳目所得，有可以為世戒者，作《野記》二篇

里之氓，有慕都邑之侈者，以其畜牛，易人之乘馬。既數歲矣，土田之腴，舍牛而不獲，倉廩菽粟，耗於馬腹，饑餓且不救，而馬之能，卒無益於甄。噫，今之絕故賤而友新勢，忽講習而向奔走，有不病其田，而空其菽粟者乎？

春陽既作，草之百名生於穹陵於絕澤於不跡之地。霧雨所盬，風氣所弄，苗堅蔓驕，生理自若。舍是而入田畝者，則根與稻爭潤，葉與粟諉暖，角長等碧，疑過者之目。農人之父，病其為稼害也。掘而去之不遺種，火變水腐，狼藉道側，願為糞土蕪，弗可得矣。噫！安爾類計爾材，不自齒於嘉谷，則奚禍之

來。《盱江集》卷二〇

大平興國禪院十方住持記

　　佛教初由梵僧至中國，不知其道而務駕其說。師徒相承，積數百年。日言天宮地獄，善惡報應，使人作塔廟，禮佛飯僧而已。厥後，菩提達磨以化，在此土始傳佛之道以來，其道無怪譎，無刱飾，不離尋常，自有正覺思而未嘗思。故心不滯於事動，而未嘗動，故形不礙於物，而物有萬類。何物而非己性有萬品，何性而非佛。佛非度我，而我自度。經非明我，而我自明。無緇素才拙，一言開釋，皆得成道。

　　由茲立大精舍，聚徒說法，以衣缽相傳授，居無彼我，來者受之。嗣無親疏能者當之。諸祖既沒，其大弟子各以所聞，分化海內，自源而瀆，一本千支。群居之儀，率從其素。故崇山廣野，通都大城，院稱禪者，往往而是。庸俾邪妄，無識洗心。從學王臣，好事稽首承教。蓋與夫老氏之無為、莊周之自然，義雖或近我。其盛哉！然末俗多敝，護其法者，有非其人。或以往時叢林私於院之子弟，閉門治產，誦經求利。堂虛不登，食以自飽。則一方之民，失所信向矣。通人高士，疾之茲久，而未克以澄清。

　　逮宋有天下，兵革既已息，禮樂刑政，治世之器，既已完備，推愛民之心，以佛法之有益也。廣祠度眾，不懈益勤。聖上蒞阼，體聞釋部之缺，因詔凡禪居為子弟，前旅有者，與終其身後，當擇人以主之。意將補鏷漏，鋤榛蕪，使宗門愈高大，則建昌軍太平興國禪院，復十方住持者，奉此制也。院按舊記，唐天祐丙子制置使陳暉所創，號顯源，永興始有。可幽師杖錫來居，

推輪法事。逮李氏僭江表，其別子景達以齊王守臨川，乃命德琳師以張大其業。琳師道行峭潔，知解雄俊，圜回千里，瞻仰弗暇。樹稼數十頃，立屋累百楹，至太宗時，例以年號更賜今額。眾安法行，　此邦者，莫與為等。琳既化去，道喪不傳，而其徒以僥倖居之，垂四紀矣。凡鄉之學釋者，雖知有真法印，當迷而疑，何所扣決。

今年夏，主者元皓病物故。時侍禁馮君德宣、光祿寺丞李君虞卿，同權軍政。深惟天聖詔書，求可以長是院，為人師者。粵有桑門上首，耆老識達之士，相與謀曰：「嘗聞建安崇儼師，得法於石霜楚圓和尚，　禮所至，學者圍繞，師避而處，行今在邇，抑可以致之乎？」因列名以舉，郡然其言，乃就迎於撫州景德院，讓不可得，而後至。升堂之日，會者萬計。師據床安坐，有問斯答，如鐘之鳴，如谷之響，重昏宿蒙，冰解雪釋，歡喜讚歎，洶動街陌。論者謂：國朝嚴佛事，俾擇知識，表於禪林，太平郡之福地也。而儼師以正真道臨之，燈燈繼照，曷有窮己？

然非吾儒，文之不足，以謹事始，而信後裔。僉來謁予曰：「文子職也，其可以辭？」重違父兄意，故為之一說，時則景祐三年秋九月也。《旴江集》卷二四

黃庭堅兩篇

小山集序

晏叔原，臨淄公之暮子也。磊塊權奇，疏於顧忌，文章翰墨自立規摹，常欲軒輊人，而不受世之輕重。諸公雖愛之，而又以小謹望之，遂陸沉於下位。平生潛心六藝，玩思百家，持論甚

高，未嘗以沽世。余嘗怪而問焉，曰：「我盤跚勃窣，猶獲罪於諸公。憤而吐之，是唾人面也。」乃獨嬉弄於樂府之餘，而寓以詩人句法，清壯頓挫，能動搖人心。士大夫傳之，以為有臨淄之風爾，罕能味其言也。

余嘗論叔原固人英也，其癡亦自絕。人愛叔原者，皆慍而問其目曰：仕宦連蹇，而不能一傍貴人之門，是一癡也；論文自有體，不肯一作新進士語，此又一癡也；費資千百萬，家人寒饑而面有孺子之色，此又一癡也；人百負之而不恨，已信人，終不疑其欺已，此又一癡也。乃共以為然。

雖若此，至其樂府，可謂狹邪之大雅，豪士之鼓吹。其合者，高唐、洛神之流。其下者，豈減桃葉、團扇哉？余少時，間作樂府以使酒玩世。道人法秀獨罪餘以筆墨勸淫，於我法中當下犁舌之獄，特未見叔原之作耶？雖然，彼富貴得意，室有倩盼慧女，而主人好文，必當市購千金，家求善本。曰：獨不得與叔原同時耶！若乃妙年美士，近知酒色之娛；苦節臞儒，晚悟裙裾之樂。鼓之舞之使宴安酖毒而不悔，是則叔原之罪也哉？（《山谷集》一六）

筠州新昌縣瑞芝亭記

晉陵邵君葉為新昌宰，視事之三月，靈芝五色十二生於便坐之室，吏民來觀者，無不欣欣動色，相與言曰：「吾令君殆將有嘉政，以福我民乎？山川鬼神，其與知之矣。不然，此不蒔而秀，不根而成，非人力所能致而自至者，何也？」乃相與廓其室四達為亭，命曰「瑞芝」。奔走來謁記於豫章黃庭堅。

黃庭堅曰：予觀《神農草木經》：青芝生泰山，赤芝生衡山，黃芝生嵩山，白芝生華山，黑芝生常山。皆久食而輕身延年而不老。蓋序列養生之藥，不言瑞世之符，又其傳五芝，曰赤者如珊瑚，白者如截肪，黑者如澤漆，青者如翠羽，黃者如紫金。皆光明洞徹如堅冰，而世之所名芝草，不能若是也。故嘗考於信書，自先秦之世，未有稱述芝草者。及漢孝武厭飫四海之富貴，求致神仙不死，天下騷然。元封中，乃有芝草九莖連葉，生甘泉殿齋房中。於是赦天下，作芝房之歌。孝宣興於民間，勵精萬事，事無過舉。然廟享數有美祥，頗甘心焉。故複修孝武郊祀，以瑞紀年。元康中，金芝九莖又產函德殿銅池中。然此芝不生於五嶽，果《神農經》所謂芝者耶？予又竊怪漢世既嘉尚芝草，而兩漢循吏之傳未有聞焉，何也？豈其所居，民得其職，所去民思其功。生則羽儀於朝，沒則烝嘗於社，則是民之鳳凰麒麟，醴泉芝草也耶！抑使民田畝有禾黍，則不必芝草生戶庭；使民伏臘有雞豚，則不必麟鳳在郊梧。黠吏不舞文，則不必虎北渡河。里胥不追擾，則不必蝗不入境。此其見效優於空文也耶？

昔黃霸引上計吏問興化之條，有鶡雀來自京兆舍中，飛集丞相府上，霸以為皇天降下神雀，欲圖上奏。京兆尹張敞言，郡國計吏，竊笑丞相之仁厚，智略有餘而微信奇怪也。恐丞相興化之條或長詐偽，以敗風俗。天子嘉納焉。劉昆為江陵令，連年火災，昆輒向火叩頭，多能反風降雨。遷弘農太守，驛道多虎，崤澠不通，昆為政三年，虎負子渡河。乃召入為光祿勳，詔問「昆江陵反風滅火，弘農虎北渡河，行何德政而致是？」對曰：「偶然耳。」左右皆笑其質，帝歎曰：「是乃長者之言。」由君子觀

之，張敞之篤，世祖之知言，建成之文，不如光祿之質也。

雖然，新昌之吏民愛其令，將儌福焉，焉可誣也。又嘗試論之，古之傳者曰：「上世蓋有屈軼指佞，蓂莢扇庖，蓂莢紀曆，嶰竹生律。」既不經見，後世亦不聞有之。則世之有芝草，特未定也。邵君家世儒者，諸父兄皆以文學行，義表見於薦紳。邵君又喜能好修，求自列於循吏之科。故其氣焰而取之異草來瑞，使因是而發政於民，慘怛而無倦。既使盡力於田，復使盡心於學，則非常之物，不虛其應。且必受賜金增秩之賞，用儒術顯於朝廷矣。豈獨誇耀下邑而已乎？故並書予所論芝草循吏之實，使歸刻之。（卷一七）

汪藻兩篇
奏論金人留建康乞分張浚軍馬策應狀

右臣昨自三月末，得之傳聞云：金人在建康築城，為度夏計。臣雖幸其不然，然心竊憂之，以為中國困於強敵，而得少休息者，正賴其不能觸熱，故常已寒方至未暑先歸。吾於半年間，汲汲措畫，猶每歲奔命不暇。今若縱其度夏，則長為安宅，無所忌憚，不知朝廷何以枝梧。

泊到行在，聞韓世忠列戰艦江中，遮其歸路，日有所獲，且言金人窮蹙之狀。臣竊欣幸，以為三月所傳誕妄耳。續觀黃榜備錄韓世忠捷奏，又謂朝夕必可掃除，今近二十日矣。其耗寂然，未必皆實。兼數日，人自常、潤來者，皆云敵於蔣山雨花臺各札大寨，抱城開河兩道以護之，及穴山作小洞子，以為逃暑之地。陸造城壘，水造戰船，而採石金人已渡復回者，累累不絕，今且

五月矣。比常年去已月餘，乃反去而復回，其欲留建康明甚。如此則與三月所傳，又似符合。

臣聞金人動設詭詐，尤喜為窮蹙之狀，以疑我師。我師墮其計中者，前後非一，今安知其本為度夏計，而陽為窮蹙者，特以疑我師耶？建康為東南咽喉，國之門戶也，天下轉輸，朝廷號令，未有不由此而通者。若金人果據此為安宅，則東南饋餉遂絕，如人扼其咽喉，守其門，果得高枕而臥乎？不知群臣日至上前，亦嘗有反覆及此者否？豈遂以為無事，而所當講者承平之先務乎？抑揣陛下非所樂聞，而不以聞也？不惟是而已，人既扼我咽喉，守我門，則群盜亦將視我緩急，以為向背，國家果有力，能使之退聽屏息乎？況又有意外之憂所難言者，不得不慮。臣愚以為此事所系非細，廟堂當若救焚拯溺然，朝夕在念。及五六月間，我師便利之時，會諸將與世忠一舉掃除，非特去目前之患，將使懲創終身，不敢復南，其利害豈不相萬哉？

雖聞近遣張浚提兵過江，節制浙西人馬，迤邐前去，以為策應，此固陛下長算也？不知張浚果能為陛下有慨然立功之意乎？臣愚欲乞專差得力使臣數人，齎陛下宸翰，星夜兼程，自襄、鄧、荊、湖以來，迎張浚軍。今分數萬人順流而下，仍於上流自計置糧斛載以自隨。彼張浚軍，既皆新人，必精銳可用。且敵人見上流之師突然而至，莫知其數，必破膽奔潰，此制敵一奇也。如其不然，八九月間氣溫稍涼，彼得時矣。機會一失，雖悔何追！伏望睿慈不以臣言為愚，輕此賊，忽此事，特加採納，不勝幸甚。（《浮溪集》卷二）

嚴州高風堂記

古之王者，取天下而天下歸之，蓋其功成志得之時也。以功成志得，而視士大夫，皆可以爵祿致，必有輕天下之心。於是岩穴之間，有人主不得而臣者出焉。以唐堯之聖，猶不能屈潁陽之高，況其它哉？

夫士之所以自重如此，非區區為其身謀也。於以厲世，則百年之風俗系焉。漢之二祖，皆以布衣取天下。高祖之時，有若東園公、綺里季、夏黃公、甪里先生。世祖時有若嚴子陵，皆人主不得而臣者也。園、綺四人避秦之亂，入商雒山，待天下之定，以高祖輕士善罵，義不為漢臣。帝雖高此四人，召之莫能致也。嚴子陵亦厭新室之暴，不肯辱其身。逮光武立，猶披羊裘釣澤中，雖三聘，僅能一致，而卒不為帝留。是五人者，其出處豈不相類哉？

然園綺之徒，晚從太子之招，為太子畫自安之策，正國本於談笑，而史不記其所終。故西漢之士，聞其風而慕之者，以計行為得，而風節減於功名。子陵本帝故人，既物色求之而來，高臥不朝，帝為親幸其館，漠然不應，譙三公若奴僕然，望印綬麾而去之，終其身，退耕於野。故東漢之士，聞其風而慕之者，尚風節而以功名為不足道。大抵園、綺之徒學伊尹，子陵學伯夷。伊尹耕於有莘之野，曰：「我何以湯之聘幣為哉？」卒以憂世，幡然而從湯。伯夷遭周武王之君，猶以為薄，竟不食粟，餓死首陽之山。故孟子曰：「伯夷聖之清，伊尹聖之任。」又曰：「聞伯夷之風，頑夫廉、懦夫有立志。」

子陵世家富春，既歸耕於家，後人名其釣處為嚴陵瀨，奉祠

千餘年不衰。今釣瀨並台俱存，而富春之境析為嚴州。紹興七年，吾友董弅令升為是州，期年政成，乃為堂於州治之左，日從賓客觴詠其上，而名之曰「高風」，以景慕子陵之賢。且立文正范公所述祠堂之碑於其旁，而求予文為記。令升可謂能尚友千古矣，令升清介有守，觀其所慕，足以知其為人，故餘述子陵出處大概以告令升，而使並刻之。紹興九年六月記。（卷一八）

周必大兩篇

省試策對之一：《史稱文帝比成康孝宣比商宗周宣當否何如》對

欲知帝王之心者，必考其所學之道；欲知帝王之治者，必觀其所任之人。在昔唐虞三代之君，以若稽古之學，迭相授受。舜之用中，堯實畀之；禹之執中，舜實畀之。其在成湯所學者，建中而已；其在文武所學者，皇極而已。所謂變詐之術、慘刻之法，未嘗著之於心，宣之於口。是以治效純粹，名聲彰聞，載祀千百，巍然不可企及，則其所學之道，為何如耶？若皋、夔，若稷、契，若伊尹、周公，咸以聖賢之資、輔弼之任，或陳九德，或諧八音。五教於此而敷，百穀於此而播，一德足以致天心之格，大勳足以光盟府之藏。是以都俞而萬邦乂，優遊而百度舉。經傳之所載，先民之所談，鏗鍧炳燿，蕩人耳目。由今望之，若神人然，則其所任之人為何如耶？

帝王既熄，降及西漢，言治者必以文帝、宣帝為先。一時治績，著在史冊，班班可考。觀其親飾子女，結匈奴和親之好；大明信義，致單於渭上之朝。偃兵息民，人以寧謐，可謂有意於撫綏之方矣。聞賈生之言，則前夜半之席；嘉黃霸之治，則 穎川

之秩。才能類進,眾職修理,可謂有意於任用之術矣。開藉田以勸農,舉孝弟以善俗,總核名實,信賞必罰,可謂有意於設施之要矣。然究其終始,推其功效,往往得於此而失於彼。舉其小而遺其大,故制度可修也。而文帝未嘗修;德教可任也,而宣帝未嘗任。彼豈憚於有為,而甘於自棄歟?蓋其所學非帝王之道,而其所任非帝王之佐故也。

何以言之?人君之所為,係其所學,學於帝王,則足以成帝王之治。學於駁雜,則足以成駁雜之治。如符契之相合,如影響之相隨,有不可掩者。文帝所學者,何道也?刑名之道也。宣帝所學者,何道也?雜霸之道也。夫惟二君所學如此,其能如帝王之存心乎?愚故曰,欲觀帝王之心,必考其所學之道者此也。天下之大,非一人所能治,必有賢哲為之左右。然後可以大有為於當世,如股肱元首之相資,如風虎雲龍之相從,有不可廢者。文帝所相者何人也?木納之絳侯、任氣之申屠嘉而已。宣帝所相者何人也?好嚴之魏相、不事之丙吉而已。夫惟二君所任如此,其能繼帝王之盛治乎?愚故曰欲知帝王之治,必觀其所任之人者此也。

夫文宣之學既如此,文宣之佐又如彼,其有愧於三代之事業,不必學士大夫乃能知之,雖三尺之童亦知之矣?孰謂班固負良史之才,當筆削之任,而昧於此乎?請為先生申其說:夫周家之治,起於文武,而大備於成康之時。漢氏之業,創於高惠,而涵養於文帝之世。然則成康也,文可以比夫成康也。必欲責文帝以禮樂庶事之備,其如無成康之學何?其如無成康之佐何?商、周中否,王業掃地,賴高宗、宣王而中興。漢武窮兵,海內虛

耗，賴宣帝而複振。然則高宗也，宣王也，宣帝也，皆中興之君也。孟堅於是贊之曰：可謂中興，侔德商宗、周宣，蓋論其中興之效，相類如此，非謂其心之所存治之所致，可以比夫商周也。必欲責宣帝以嘉靖商邦，明文武之功業，其如無商周之學，何其如無商周之佐何？

嗚呼！世已遠矣，二帝三王之不可復見矣。有君如文帝、如宣帝，猶以所學非其道，所任非其人，遂不足為純粹之治。況於晉、唐之陵夷乎？必欲舉堯舜禹湯文武之道，而又得皋夔稷契伊周之臣，則千載一時，端在今日。

恭惟主上擴帝王之量，以撫甯方夏；體天地之德，以覆育群生。綿宇固已，阜安民心，固已愛戴，方且日與一德大臣，緝熙百度，潤色洪業，可謂得帝王之道，而又得帝王之佐矣。算計見效，豈炎劉之君，敢冀其萬一哉？是以執事先生推天保、報上帝也，皆守成之君也。孟堅於是稱之曰：周云成康，漢言文景。蓋論其守成之時，相類如此，非謂其心之所存，治之所致之誠，作為問目，俾諸生兼舉而畢陳之。

夫西漢撫綏之方、任用之術、設施之要，凡得失優劣之可言者，愚蓋詳言於前矣。至於今日之治，可得而形容者，則邃數之。不能終其物，悉數之，乃留更僕，未可終也。姑取詩人之頌，以配當今之治，庶幾乎美盛德形容之義，跡夫載戢干戈，載櫜弓矢，則時邁之頌，可以形容矣。多黍多稌，亦有高廩，則豐年之頌，可以形容矣。郊祀天地，產祥降嘏，則願獻成命之頌可乎？設業設簴，肇新雅樂，則願獻有瞽之頌可乎？籍田所以勸農也，何愧乎載芟之所作；原廟所以奉先也，何愧乎絲衣之所陳。

興崇太學，足以掩在泮之美；務農重穀，足以掩在坰之頌。至若躬祀太一，祈民福也；禁止漁捕，遂物性也；捐減田租，裕民力也。刊定法令，明國章也。是以仁增而益高，澤厚而愈深。歡頌沸騰，和氣充溢。上焉日月星辰，順其序；下焉鳥獸草木，安其生。自非吾君之仁，吾君之德，則何以臻之。若乃運至，化於一堂之上，納生靈於太和之域，熙熙怡怡，使百姓日用而不知。謂帝利何有者，則又非諸生所能形容也。《周必大集》卷十

詠歸亭記

古者學必臨水，故天子曰辟廱，謂其圜如璧，而雍以水也。諸侯曰：泮宮水在東西，而南通之也。吉為大邦，文風盛於江右，而學亦閟大顯敞，稱公侯之國。獨門台庫下，不與學稱，且泮水之制，甚戾於古。蓋舉武二三，已觸闉闍。闉闍之外，繞以編戶，無所容其疏鑿，識者病焉。

隆興改元冬，直寶文閣王公佐之，鎮茲土也。一年矣，令修而政成，教明而化行。始命撤門台而新之，高明嚴正，過者固已改觀。越二年春，公率郡丞黃公野教授、林君仲、熊暨諸生，臨廷而望焉，知江流之邇，而民氓一族之，蔽之也。厚歸以直使，擇閑壤徙焉。氓既欣然，則毀垣斥墓夷邱平窪，築亭於其上。重門洞開，直若引繩，沂、泗之風，宛然在目。

既落成，公榜曰「詠歸」，而屬諸生告之曰：昔吾夫子周流四方，惟恐無所用，而于門弟子之願仕者， 抑之。有異乎此者，則與之，曾皙是也。雖然，顏淵問為邦，則又許之。何也？夫聖人之道，猶海也。顏淵學海而至焉者也，故仕與毋仕，惟其

遇而已矣。若曾晳者，方循涯而未至，故聖人因其審已樂道，而與之以勵學者。後世不考乎造道之淺深，而謂善點之知時，不亦過乎！諸生晞顏者也，要必循聖涯而入，則水哉，學哉，學哉，水哉。其將有所感發矣。林君賢，師儒也，聞而歎曰：「太守期諸生厚矣，不可以不記。」相帥命某記之，某曰：記必有辭也，將以斯亭之作而記之歟？則太守善政多矣，舍其大而書其細，不可也。將因命名之意而記之，與太守既言之矣，又何加焉？林君不然，自有此學百二十年於茲，不知閱幾太守矣。而今乃仿佛舞雩之遺意，豈不足以見公之復古。前之日，人病其通衢也，而莫之知議。今之日，無擾於改為，無費於徒役，而偉觀出焉。豈不足以見公之膽智？臨江面山，風雲百變，公不以是景而名亭，豈不足以見公之勸學？思樂芹藻，有魯侯之頌；候望城闕，異鄭國之廢，公又不以是義而名亭，豈不足以見公之能謙？合是四者，而記其歲月，使後之君子，有考焉。茲非辭乎？某曰諾遂書之，是年五月十九日（卷二八）

又上朱參政書

某不佞，竊嘗妄論，自古賢人君子所以能任大事、立大功，修身則身修，治國則國治者，其說有三焉：曰才、曰學、曰德而已。蓋人非才則無以行，才非學則無以明，學非德則無以成。德方人之少也，志氣敏銳，視訊光碟錯肯綮，莫不迎刃而解，可謂有才矣。然而天資雖高，浩養未至，中局所收守，外物或得以搖之。譬如乘輕車，策駿馬，固可日馳千里。至於積中任重，則有時乎敗矣。故必少安下位，深涵遠業，以堯、舜、文、武、周

公、孔子之道端其源，以三代、漢、唐之事暢其流。然後物來能名，事至能應，彼雖膠膠擾擾，而吾天游自若也。學明而德成，其效如此，始可以為成材，而堪世用矣。

昔諸葛孔明，臥龍也，然且躬耕南陽，抱道草廬，及蜀主三顧，乃慨然以當世自任。至唐元稹、宗元之徒，其才雖高，其守未固，驟居要路，輕試而妄用之，難乎免於顛沛矣。由是而言，才以行之，學以明之，德以成之，固自有次第哉！

恭惟閣下以經術文章，少年取名第馳雋聲，所居之官大，所為之績成。凡命宣諭於外者，莫不交口稱道。章在公交，車可覆視也。人謂日三接，歲九遷矣。顧乃輕視爵祿，專意古學，凡廣大精微，如六經奧美辨博，如諸子上下數千百載，如史氏典章法度，如本朝率皆深窮而力究之。如是者二十年經綸之學富矣，中外之望隆矣。

於是時也，天人相之，乃當主上勵精更化，圖任舊人之際，而閣下實首進焉。一命而為爭臣，日以堯舜之仁義，祖宗之勤儉，沃上心，正國是，再命而為中執法，非特奸邪畏其鯁峭也，善類蓋有賴焉，三命而登廟堂，則又盡以平昔之所言措諸行事，今鼎席虛位，進拜在旦暮矣。人徒見閣下之德顯著如此，而不知天賦其才於初，究所學於中，如積春夏以成歲功，而非一日所能至也。

某一介賤士，身遊大冶，幸因調官，得望顏色，而言詞淺訥，不能歌詠勳業，以為賓贊之藉。姑臆度閣下杜德機，而冒陳之，若乃既見壺子，則必有自失而走者矣，不宣。（周必大集卷八九）

胡銓兩篇

上孝宗論撰賀金國啟

　　隆興二年，七月日，臣胡銓奉詔撰大金國賀冬至啟，內中用再拜、用獻納、書御名。此三大事也，已經二十餘年，臣下皆不能正其非。今臣年過六十，官逾三品，收嶺嶠、海島之遺骸，為陛下侍從之尊。職復因循，而書不正救之，恐天下後世謂陛下何如主？謂臣何如人？三王之臣主俱賢，迄今史臣稱為美談。昨宰相湯思退集議中書堂，臣終坐以三事為說。而思退罔然不答，臣竊以為思退又一秦檜也。思退不去，國體弱矣。臣手可斷，臣筆不可斷，臣頭可去，臣筆不可去，而臣字不可寫。庶使遠夷知中國之有人，是亦強國之一端。謹具奏聞，乞外而宣示臣章於朝堂，使姦夫佞子不敢肆其惡；內而宣示臣章於史館，使天下後世有所知，然後竄臣於海島，以為臣子敢言之戒，干瀆天威，不勝戰慄。（《澹庵集》卷二）

遺表

　　有生必死，何足動心；無路報恩，實不瞑目。興言氣鬱，戀闕神馳。竊念銓奮自孤生，早陟膴仕，不識忌諱，自取顛躋。太上赦臣於萬死一生之中，陛下擢臣於九卿六官之列，何補報？徒積罪尤，久違闕廷，待盡田野，屢升真祠之逸，復叨秘殿之崇。收召節以遂其愚，許掛冠以優其老。身塗草野，雖自誓於平生，命在膏肓，恨不獲其死所。強支微喘，更畢餘忠。

　　伏願皇帝陛下，舍己從人，安民和眾，大秦襄復讎之義，監

周公無逸之書。任忠直之士，而勿親便佞之人；守祖宗之法，而勿聽紛更之說。益堅初志，懋建豐功，混胡越於一家，壯基圖於萬世。臣莫瞻九陛，行即三泉。相如草封禪以貢諛，切所不敢；張巡為厲鬼以殺賊，死亦不忘。（卷二）

楊萬里四篇
澹庵先生文集序

故澹庵先生資政殿學士忠簡胡公，中興人物未能或之雙也，紹興戊午，宗皇帝以顯仁皇太后駕未返，不得已，將以大事小屈尊和戎，先生上書力爭，至乞斬宰相，在廷大驚。金人聞之，募其書千金，三日得之，君臣奪氣，知中國有人。

奉皇太后以歸，自是北騎不南者二十年。昔魯仲連不肯帝秦，秦軍聞之，為卻五十里，後人疑之，以為說士之誇辭。以今揆古，古為誇矣；以今觀今，今亦誇乎？信所見疑，所聞古今一也。

吾宋之安，強不以百萬之師，而以先生之一書。後之人聞之者，烏知其不若今之人聞仲連之事者乎？亦以為誇未可知也。若今之人親見先生之事，則誰以為誇者？今事之誇與否，可信與否，不較也。使後之人無所疑於古之人者，先生歟？今不信古，古奚病焉？後不信今，必當有時而無不信矣。逢其時，思其人。

嗚呼！先生之功，其遠矣哉！先生之功，其遠矣哉！先生之文，肖其為人。其議論閎以遠，其記序古以馴，其代言典而實，其書事約而悉。其為詩，蓋自詆斥時宰，謫置嶺海，愁狄酸骨，饑蛟血牙，風呻雨喟，濤譑波詭，有非人間世之所堪耐者，宜芥

於心，而反昌其詩。視李、杜夜郎、夔門之音，益加恢奇云。至於騷辭，涵茫嶄崒，鈲劂刻屈，抉天之幽，泄神之祕。枯臞而不瘁，恫愀而不懟，自宋玉而下不論也，靈均以來一人而已。

夫是數者，得其一猶足以行於今而傳於後，而況萃其百者乎？何其盛也，何其盛也！

先生既沒後二十年，其子瀲與其族子澳、族孫秘裒輯先生之詩文七十卷，目曰《澹庵文集》。欲刻板以傳，貧未能也。之官中都，舟過池陽，太守蔡侯必勝相見，因問家集，慨然請其書刻之。命郡文學周南、董振之、學錄何巨源校讎之。未就，而蔡侯移守山陽。雷侯孝友、顏侯棫踵成之。嗟乎！先生功被於中國，名振於外裔，文範於學者，學者得其片言半簡，猶寶之師之，求見其書之全，何可得也。今三侯獨能刻而傳之，以幸學者。

夫先生此集為之百年而始成。使學者得之，今乃一日而盡見，三侯之用心可不謂賢矣哉！而蔡侯首發其端，可不謂尤賢矣哉！萬里嘗學於先生者，先生之言，曰道六經，而文未必六經者有之矣。道不六經，而文必六經者無之。先生之文，其所自出，蓋淵矣乎？而萬里何足以知之。先生，廬陵人，諱銓，字邦衡，澹庵其自號也。若其世系歷官行事，則丞相益國周公書於神道碑矣。慶元己未八月二十八日，門人通議大夫寶文閣待制致仕楊萬里序。（卷九八）

祭張魏公文

具官楊某，謹以清酌之奠，西望慟哭，百拜致祭於近故大丞相少傅魏國公張先生之靈。

嗟乎，殄瘁之悲，天人否同。臻至極者，孔明與公。敵人骨驚，中原欲平。廈屋垂成，而折其甍。孰喪孔明？非天而天。孰喪我公，天而非天。胡為乎天，天厭漢也。胡謂非天，天宋睠也。宋睠則那，而集其老。天不其奪，天不其保。叔破旦斧，叔毀孔日。天而能保，則摳其舌。公未再相，國人曰賢。公既再去，左右乃歡。謂公賢矣，莫留其歸。公不賢矣，國人我欺。招以萬口，麾以一手。一不勝萬，其然其否。彼退則憂，公進則憂。憂同而殊，國家之謀。正叔之學，公則心之。君實之德，公則身之。因心以身，因身以君，正君以祖，太太真仁。相於兩朝，暮年期月。日洗天澄，淮妥江謐。期月乃爾，胡不百年。公而百年，公無地安，公今安矣。民則艱矣，呼公不聞。民則濟濟，踽踽小子，受知惟深。道學之傳，可誶於心。報公則無，雨以清血。俎以名誼，斝以誠實，贏然倚廬。莫望喪車。千里一觴，公其吐諸！（《誠齋集》卷一〇一）

東宮勸讀錄

萬里曰：古今論禦戎之策者，皆以嚴尤為至論，某以為不然。尤之言曰：周得中策，漢得下策，秦無策焉。至於上策，自古未有得之者。來則有備，去不窮追。故宣王薄伐之師，止於太原而已。此尤之所謂中策也。武帝虛內以事外，漢與匈奴更勝迭負，未嘗不相當也。非晚年之悔，漢亦殆哉！此尤之所謂下策也。至於秦築長城征匈奴，匈奴未亡，而秦先亡矣。此尤之所謂無策也。

至於上策，聖人蓋得之矣。而尤何足以知之，書曰：「儆戒

無虞，罔失法度。罔遊於逸，罔淫於樂。任賢勿貳，去邪勿疑。疑謀勿成，百志惟熙。罔違道以干百姓之譽，罔咈百姓以從已之欲。無怠無荒，四夷來王。」此非堯舜禦戎之上策乎？蓋其上策大概有四，曰修身，曰愛民，曰用人，曰立政。「儆戒無虞，罔失法度，罔遊於逸，罔淫於樂」，修身也。「任賢勿貳，去邪勿疑」，用人也。「疑謀勿成」，立政也。「罔違道以干百姓之譽，罔咈百姓以從已之欲」，愛民也。四策備矣，又以「無怠無荒」，朝夕策勵以終之，如是，則中國安強。主德無可議，國勢無可窺，四夷安得而不來王乎？此堯舜禦戎之上策也，而曰：「吾無上策。」尤策謀之士，無經術之學，顧何足以知之。（《誠齋集》卷一一三）

蔣彥回傳

蔣彥回，名漳，零陵人。少入太學不遇，歎曰：「士必富貴，乃得志耶？」棄而歸，市書數千卷，閣以藏焉。築圃植花木，葺亭榭，以讀書其間。未幾，圃產玉芝，遂以名。山谷黃先生貶宜州，過而賦之。彥回日從之游，藏弆其文字詩畫二百餘紙，山谷亦樂為之作，實崇寧三年三月也。明年九月，山谷病革，彥回往見。山谷大喜，握手曰：「吾身後，非彥回誰付？」乃盡出所著書，曰：「惟所欲取？」彥回乃不私片紙，山谷卒，為買棺以斂，以錢二十萬具舟送歸雙井云。道鄉鄒先生謫永，彥回復從遊，歡甚。道鄉復有昭州之命，留其家於太平寺後以居，乃行。彥回實經紀之，同其患難，而周其乏困。道鄉率月致二書以謝，蓋深德之。其後北歸，臨別之詩可見矣。

嗟夫，士窮乃見節義，此韓退之為久故之交而言也。若彥回之於二先生，秦越也，非有平生之素，而能向慕乎二先生之風既賢也已。況二先生當蛟蛇熊豹狌狌搖牙之鋒，賓客落而朋友缺，淹汩阨塞於荒遠寂寞之地，望風而憎，無仇而擠者，滔滔也。而彥回至於死生之際而不變，此古之賢且仁者。族且親者，恩且舊者，猶或難焉。彥回能之，可不謂賢矣哉！

予來丞邑，訪其所謂玉芝園者，但見荒煙野草而已。問其子，則觀言者在，老矣。顧其家貧甚，觀言居之淡如也。其猶有彥回之風。與問彥回之遺事，所言云爾，其人顓樸，而無純緣，其言可信也。且出道鄉之翰墨七篇，讀之使人三歎，而恨不出乎其時。又曰：山谷美丈夫也，今畫者莫之肖。觀言年十五，在旁，見其喜為人作字，及留題於吾鄉人。士日持練素以往，幾上如積。忽得意，一掃千字。一日訪陶豫，豫置酒，且令人汎除其堂之壁，先生曰：「何為者？」豫離，立而請曰：「敢 一字為寵光。」先生曰「諾」，酒半酣起，索筆大書，下語驚坐，今亡矣，且忘其詞。又曰：道鄉對人寡言終日，拱手不下 ，其莊敬如此。又曰；先君子有文集若干卷，頃，大盜孔彥舟屠城，寸紙不遺餘矣。予太息而為之傳。（卷一一七）

洪皓一篇

中和堂記

自宣室鹿鳴之詩不作，千有餘歲矣。時與人相背馳而然。今天子紹開中興遠軼孝宣。而鄭侯元任之治博羅，複與王益州相垺，乃能推聖德之中和，施於有政。又作堂以名之，追配前人，

固無愧色。夫為政之道二，與猛而已。二者相濟，如芼羹之有鹽梅，防民之以禮，樂王褒所謂中和。即夫子之忠恕，子思之中庸也。近世猛者，以鷹擊毛摯為治，刑人若刈草芥。下皆重足立其失也。刻寬則姑息巽愞，視吏如子，如其誰？何鞭撲生塵，事不一辦，其失也。儻惟精於吏治者不爾，元任丁年，以片言悟主，不數歲分虎符，其蘊必有過人者。嶺表吏具見，謂苟且。博羅南際海，東與江右接壤，異時他盜肆剽，野無爨煙。元任居滇陽，獨能不鄙夷其俗。既至，示以中州約束。凡有設施，知所先後。首修判宮，以厲多士。禮行鄉飲，孝弟移風，競綠之弊兩亡，而循良近民，不為駭俗釣名之事。吏知其不薄此官也，相率束手奉法。民亦洗心向化，天報屢豐，上下贍足，山行海宿，如在東阡北陌中。棠陰訟簡，乃擴豐湖以衍吾君好生之。一亭一榭，丕變埃陋。郡治之西，有廢圃，遂培基建堂。恢軒豁不侈不隘。役始於去秋之仲，工訖於冬之季。民莫有知者，既成以享賓客，以合寮類以接士民，以折獄訟。朝夕從事於斯，上下和悅。州之父老，雜襲來觀。曰吾侯為慈祥平易之政，以字我三年。今將去斯，而羽儀天朝，且名斯堂，以不我忘。使後之二千石，循名以為治，則惠流此邦，渠有已耶！予謫居仁里久矣，元任以書來，需記甚勤，弗敢虛其請於是乎書。若乃湖山之秀、風物之盛，予雖老且病，儻遂登斯堂，尚能搦管以賦，使邦人歌之。（《鄱陽集》卷四）

洪適兩篇

通天岩記

自英州西南行十五里，至石角頭山。自山麓二百步至山半，有洞門，冷風襲人，雖半春晏溫皆挾纊，不數步即　，束縕燃火始可入。洞之左，數石對峙，曰菩薩，曰金剛，神晶彩蕩，目如沙中星。振杖陟巘，奇詭迭露。其平處可坐數十百人，益深入，石小，破如盤盂，見光卻出。直東又二百步，始大明，雙竅穿豁，垂蔓搖絲，雲在木葉間，日影漏入，亂石總總，所謂通天岩也。

行前復持火，過群石外，厥壤坦然。循其石，砑然有穴。下之多龍田，皆分塍畛，如縮蛇盤蚪，仰視如覆樓閣。去人不遠，其平處復可坐數十百人，撞之，坎然如鼉　，徙杖亦鳴。意其下必更空洞，其旁一穴，類瞽井，不敢探地出碎乳，槎牙散亂如鐵滓。曰龍失踐之棘趾。窮高田有水，一丘其下，縈石壁，有渠，云「春夏雍沮不可涉」。自水丘處，寶甚隘，傴以往，列戶如蜂房。其頂結乳如珠纓、如流蘇、如裂紈、如垂蓮、如肺肝，四壁如襆上衣有紋折。凝於地者，如神鬼形、如幡幢、如旌纛、如帷帳、如筍、如枯木、如禽獸、如器物，多不可名。有冰柱，短長小大不一；有踶石，博下銳上，如壁遙。視之如水，即之，飲不盈掬，捫之如龍鱗。旁曰輸藏石，皆棱然，巧非追琢。有羅漢小像，可周以步，有石燕，逢火輒飛去。其幽鱗隱寶，莫可窮測。

予書其石曰：有天地即有此岩，而生是州，官是州，與遊子遷客　無一言標榜之，遂使名不絓人耳舌。吁！可歎哉，同遊

者，毘陵邵林宗、新安董謀道。予之叔光晦、弟景徐，報恩希賜師。紹興二十一年二月二十二日記（《盤洲集》卷三十）

重編唐登科記序

　　進士在唐最重，公卿達官不以是仕者，常怏然不滿。其外有宏辭明經諸科，而制舉之名多至八十有六。於是有《登科記》等書，《藝文志》著錄姚康、崔氏、李奕三家二十三卷；《會要》載鄭氏上宣宗者十三卷；《崇文總目》有樂史修定者四十卷，今多亡矣。

　　予家藏崔氏書，正元中校書郎趙　為之序，大抵專載進士。續之者自元和方列制科，訖周顯德乃止。又從毘陵錢紳氏得一編，起武德盡大和，頗兼制科，而十遺五六。予嘗考《會要》、《續通典》諸書補正之。據唐人集增入策問，及校中秘書，亦得一編，冠以趙序，殆與舊所藏略同，而序次又不相類，蓋後人損益，俱非崔氏本書。

　　世所傳雁塔題名進士，存者鮮焉。獨長慶一年不闕，以證諸本皆異。唐去今不三百年，以最重之事，傳數家之書，而矛盾如此，書果可盡信乎？先忠宣公還自朔庭，得昭文館姚康書，前五卷最為詳盡，而亡其十，有一卷所載 祖、太宗兩朝，進秀甲乙總二百六十三人，證此本乃九人而已。故今所輯，一以姚氏為正，天寶以後，則以三本合為一，至其後先乖次，不可悉辨，為十有五卷云。（卷三四）

洪邁四篇

稼軒記

國家行在武林，廣信最密邇畿輔。東舟西車，蜂午錯出，處勢便近，士大夫樂寄焉。環城外中，買宅且百數，基局不能寬，亦曰避燥濕寒暑而已耳。

郡治之北可里所，故有曠土存：三面傅城，前枕澄湖如寶帶，其從千有二百三十尺，其衡八百有三十尺，截然砥平，可廬以居。而前乎相攸者，皆莫識其處。天作地藏，擇然後予。

濟南辛侯幼安最後至，一旦獨得之。既築室百楹，度財占地什四；乃荒左偏以立圃，稻田泱泱，居然衍十弓。意它日釋位而歸，必躬耕於是，故憑高作屋下臨之，是為「稼軒」。而命田邊立亭曰「植杖」，若將真秉耒耨之為者。東岡西阜，北墅南麓，以青徑款竹扉，以錦路行海棠。集山有樓，婆娑有堂；信步有亭，滌硯有渚，皆約略位置，規歲月緒成之。而主人初未之識也，繪圖畀予曰：「吾甚愛吾軒，為我記。」

予謂侯本以中州雋人，抱忠仗義，彰顯聞於南邦。齊虜巧負國，赤手領五十騎，縛取於五萬眾中，如挾狡兔，束馬銜枚，由關西奏淮至通，晝夜不粒食。壯聲英概，懦士為之興起。聖天子一見三歎息，用是簡深知：入登九卿，出節使二道，四立連率幕府。頃賴氏寇作，自潭薄於江西，兩地驚震，談笑掃空之。使遭事會之來，挈中原還職方氏。彼周公瑾、謝安石事業，侯固饒為之。此志未償，顧自詭跡放浪林泉，從老農學稼，無亦大不可歟？

若予者，俔俔一世間，不能為人軒輊，乃當夫須襏襫，醉眠牛背，與堯童牧孺肩相摩。幸未齯老時，及見侯展大功名，錦衣來歸，竟廈屋潭潭之樂，將荷笠棹舟，風乎玉溪之上，因圛隸內謁曰：「是嘗有力於稼軒者。」侯當輟食迎門，曲席而坐，握手一笑，拂壁間石細讀之，庶不為生客。

侯名棄疾，今以右文殿修撰再安撫江南西路云。（《南宋文錄錄》卷一〇）

顏魯公

顏魯公忠義大節，照映今古，豈唯唐朝人士罕見比倫，自漢以來，殆可屈指也。考其立朝出處，在明皇時為楊國忠所惡，由殿中侍御史出東都平原，肅宗時，以論太廟築壇事，為宰相所惡，由御史大夫出馮翊。為李輔國所惡，由刑部侍郎貶蓬州。代宗時，以言祭器不飭，元載以為誹謗，由刑部尚書貶峽州。德宗時，不容於楊炎，由吏部尚書換東宮散秩，盧杞之擅國也，欲去公，數遣人問方鎮所便，公往見之，責其不見容，由是銜恨切骨，是時年七十有五，竟墮杞之詭計而死，議者痛之嗚呼！公既知杞之惡已，盍因其方鎮之問，欣然從之，不然則高舉遠引，掛冠東去，杞之所甚欲也，而乃眷眷京都，終不自為去就，以蹈危機。春秋責備賢者，斯為可恨。司空圖隱於王官谷，柳璨以詔書召之，圖陽為衰野，墮笏失儀，得放還山。璨之奸惡，過於杞，圖非公比也，卒全身於大亂之世。然則公之委命賊手，豈不大可惜也哉。雖然，公囚困於淮西屢折李希烈，卒以捐身徇國，以激四海義烈之氣。貞元反正，實為有助焉，豈天欲全畀公以萬世之

故，使一時墮於橫逆以成始成終者乎？（《容齋續筆》卷一）

歲旦飲酒

今人元日飲屠蘇酒，自小者起，相傳已久，然固有來處。後漢李膺、杜密以黨人同系獄，值元旦於獄中飲酒，曰正旦從小起，時鑒《新書》。晉董勳云：「正旦飲酒，先從小者，何也？」勳曰：「俗以小者得歲，故先酒賀之。老者失時，故後飲酒。《初學記》載『四民』，《月令》云『正旦進酒次第，當從小起，以年小者起。』」

先唐劉夢得、白樂天元日舉酒賦詩，劉云：「與君同甲子，壽酒讓先杯。」白云：「與君同甲子，歲酒合誰先？」白又有《歲假內命酒》一篇云：「歲酒先拈辭不得，被君推作少年人。」顧況云：「不覺老將春共至，更悲攜手幾人全。還丹寂寞羞明鏡，手把屠蘇讓少年。」裴夷直云：「自知年幾偏應少，先把屠蘇不讓春。儻更數年逢此日，還應惆悵羨他人。」成文幹云：「戴星先捧祝堯觴，鏡裡堪驚兩鬢霜。好是燈前偷失笑，屠蘇應不得先嘗。」方幹云：「才酌屠蘇定年齒，坐中皆笑鬢毛斑。」然則尚矣。東坡亦云：「但把窮愁博長健，不辭最後飲屠蘇。」其義亦然。（卷二）

李林甫秦檜

李林甫為宰相，妒賢嫉能，以裴耀卿、張九齡在己上，以李適之爭權，設詭計去之。若其所引用，如牛仙客至終於位，陳希烈及見其死，皆共政六七年。以兩人伴食諸事，所以能久。然林

甫以忮心賊害，亦不朝慍暮喜，尚能容之。

　　秦檜則不然，其始也，見其能助我，自冗散小官，不三二年至執政。史才由御史擿法官超右正言，遷諫議大夫，遂簽書樞密。施鉅由中書檢正、鄭仲熊由正言，同除權吏部侍郎，方受告正謝，施即參知政事，鄭為簽樞。宋朴為殿中侍御史，欲驟用之，令台中申稱本台缺檢法主簿，須長貳乃可辟。即就狀奏除侍御史，許薦舉，遽拜中丞，謝日除簽樞，其捷如此。然數人者不能數月而罷。楊願最善佞，至飲食動作悉效之。秦嘗因食，噴嚔失笑，願於倉卒間，亦陽噴飯而笑，左右侍者哂焉。秦察其奉己，愈喜。既歷歲亦厭之，諷御史排擊而預告之，願涕淚交頤。秦曰：「士大夫出處常事耳，何至是？」願對曰：「願起賤微，致身此地，已不啻足，但受太師生成，恩過於父母，一旦別去，何時復望車塵馬足邪？是所以悲也。」秦益憐之，使以本職奉祠，僅三月，起知宣州。李若穀罷參政，或曰：「胡不效楊原仲之泣？」李，河北人，有直氣，笑曰：「便打殺我，亦撰眼淚不出。」秦聞而大怒，遂有江州居住之命。

　　秦嘗以病謁告，政府獨有余堯弼，因奏對，高宗訪以機務一二，不能答。秦病癒入見，上曰：「余堯弼既參大政，朝廷事亦宜使之與聞。」秦退，扣餘曰：「比日榻前所詢何事？」余具以告。秦呼省吏取公牘閱視，皆以書押。責之曰：「君既書押了，安得言弗知，是故欲相賣耳。」余離席辯析，不復應，明日台評交章。段拂為人憒憒，一日，秦在前開陳頗久，遂俯首瞌睡。秦退，始覺殊窘怖。上猶慰拊之，且詢其鄉里。少頃，還殿廊幕中，秦閉目誦佛典，客贊揖至三，乃答。歸政事堂，窮詰其語，

無以對，旋遭劾，至於責居。湯思退在樞府，上偶回顧有所問，秦是日所奏微不合，即云：「陛下不以臣言為然，乞問湯思退。」上曰：「此事朕豈不曉，何用問他湯思退？」秦還省，見湯已不樂，謀去之，會其病迨於亡，遂免。考其所為，蓋出偃月堂之上也。（卷一五）

朱弁一篇

《曲洧舊聞》二則

一

太祖皇帝抱帝王雄偉之姿，殆出於生知天縱。其所注措，初不與六經謀，而自然相合。晁以道云：「曾子固元豐中奉詔作論，論成，以吾觀之，殊未盡善。某常謂太祖有二十事皆前代所無，出於聖斷，而為萬世利者。今《實錄》中略可數也。惜乎！子固不及此，吾所深惜也。」太祖皇帝龍潛時，雖屢以善兵立奇功，而天性不好殺，故受命之後，其取江南也，戒曹秦王、潘鄭王曰：「江南本無罪，但以朕欲大一統，容他不得，卿等至彼，慎勿殺人。」曹、潘兵臨城，久之不下，乃草奏曰：「兵久無功，不殺無以立威。」太祖覽之，赫然批還其奏曰：「朕寧不得江南，不可輒殺人也。」逮批詔到，而城已破。契勘城破，乃批奏狀之日也，天人相感之理，不亦異哉！其後革輅至太原，亦徇於師曰：「朕今取河東，誓不殺一人。」大哉仁乎！自古應天命一四海之君，未嘗有是言也。

太祖皇帝即位後，車駕初出過大溪橋，飛矢中黃傘。禁衛驚駭，帝披其胸笑曰：「教射，教射。」既還，內左右密啟捕賊，

帝不聽，久之亦無事。（卷一）

二

趙元考彥若，周翰之子也。無書不記，世謂著腳書樓。然性不伐，而尤恭謹。館中諸公方論藥方，有一藥不知所出，雖掌禹錫大卿，曾經修《本草》，亦不能省。或云：「元考安在？但問之，渠必能記也。」時元考在下坐，對曰：「在幾卷，附某藥下，在第幾頁，第幾行。」其說云云，檢之果驗。然眾怪之曰：「諸公紛紛，而子獨不言，何也？」元考曰：「諸公不見問，某所以不敢言耳。」

元豐間，三韓使人在四明唱和，詩奏到御前，其詩序有「慚非白雪之詞，輒效青脣之唱」之句。神宗問青脣事，近臣皆不知。因薦元考，元考對：「在某小說中。然君臣間難言也，容臣寫本上。」進本入，上覽之，止是夫婦相酬答言語。因問大臣：「趙彥若何以不肯面對？」或對曰：「彥若素純謹，僚友不曾見其惰容，在君父前宜其恭謹如此也。」上嘉歎焉。（卷二）

朱熹四篇

滄洲精舍諭學者

老蘇自言，其初學為文時，取《論語》、《孟子》、《韓子》及其它聖賢之文，而兀然端坐，終日以讀之者七八年。方其始也，入其中而惶然以博，觀於其外而駭然以驚；又其久也，讀之益精，而其胸中豁然以明，若人之言固當然者。然猶未敢自出其言也。歷時既久，胸中之言日益多，不能自製，試出而書之，已

而再三，讀之渾渾乎覺其來之易矣。

　　予謂老蘇但為欲學古人說話，聲響極為細事，乃肯用功如此，故其所就亦非常人所及，如韓退之、柳子厚輩亦是如此。其答李翊、韋中立之書，可見其用力處矣，然皆只是要作好文章，令人稱賞而已。究竟何預己事，卻用了許多歲月，費了許多精神，甚可惜也。

　　今人說要學道，乃是天下第一至大至難之事，卻全然不曾著力，蓋未有能用旬月功夫熟讀一人書者。及至見人，泛然發問，臨時揍合，不曾舉得一兩行經傳成文，不曾照得一兩處首尾相貫，其能言者，不過以己私意，敷演立說，與聖賢本意義理實處，了無干涉。何況望其更能反求諸己？真實見得真實行得耶！如此求師徒費腳力，不如歸家杜門，依老蘇法，以二三年為期，正襟危坐，將《大學》、《論語》、《中庸》、《孟子》及《詩》、《書》、《禮記》、程、張諸書，分明易曉處，反覆讀之，更就自己身心上存養玩索，著實行履。有個入處，方好求師證其所得，而訂其謬誤。是乃所謂就有道而正焉者，而學之成也可冀矣。如其不然，未見其可，故書其說，以示來者云。（《晦庵集》卷七四）

《詩集傳》序

　　或有問於余曰：「詩何謂而作也。」余應之曰：「人生而靜，天之性也。感於物而動，性之欲也。夫既有欲矣，則不能無思；既有思矣，則不能無言；既有言矣，則言之所不能盡，而發於諮嗟詠歎之餘者，必有自然之音響節奏，而不能已焉，此詩之所以

作也。」

　　曰：「然則其所以教者，何也？」曰：「詩者，人心之感物而形於言之餘也。心之所感有邪正，故言之所形有是非。惟聖人在上，則其所感者無不正，而其言皆足以為教。其或感之之雜，而所發不能無可擇者，則上之人必思所以自反，而因有以勸懲之，是亦所以為教也。昔周盛時，上自郊廟朝廷，而下達於鄉黨閭巷，其言粹然無不出於正者。聖人固已協之聲律，而用之鄉人，用之邦國，以化天下。至於列國之詩，則天子巡狩，亦必陳而觀之，以行黜陟之典。降自昭、穆而後，寖以陵夷，至於東遷，而遂廢不講矣。孔子生於其時，既不得位，無以行帝王勸懲黜陟之政，於是特舉其籍而討論之，去其重複，正其紛亂，而其善之不足以為法，惡之不足以為戒者，則亦刊而去之，以從簡約示久遠。使夫學者即是而有以考其得失，善者師之，而惡者改焉。是以其政雖不足行於一時，而其教實被於萬世。是則詩之所以為教者，然也。」

　　曰：「然則國風、雅、頌之體，其不同若是，何也？」曰：「吾聞之，凡詩之所謂風者，多出於里巷歌謠之作，所謂男女相與詠歌，各言其情者也。惟《周南》、《召南》親被文王之化以成德，而人皆有以得其性情之正。故其發於言者，樂而不過於淫，哀而不及於傷，是以二篇獨為風詩之正經。自《邶》而下，則其國之治亂不同，人之賢否亦異，其所感而發者，有邪正是非之不齊，而所謂先王之風者於此焉變矣。若夫雅、頌之篇，則皆成周之世，朝廷郊廟樂歌之詞：其語和而莊，其義寬而密；其作者往往聖人之徒，固所以為萬世法程而不可易者也。至於雅之變

者，亦皆一時賢人君子，閔時病俗之所為，而聖人取之。其忠厚惻怛之心，陳善閉邪之意，猶非後世能言之士所能及之。此《詩》之為經，所以人事浹於下，天道備於上，而無一理之不具也。」

曰：「然則其學之也，當奈何？」曰：「本之二《南》，以求其端，參之列國以盡其變，正之於雅以大其規，和之於頌以要其止，此學詩之大旨也。於是乎章句以綱之，訓詁以紀之，諷詠以昌之，涵濡以體之，察之情性隱微之間，審之言行樞機之始，則修身及家，平均天下之道，其亦不待他求而得之於此矣。」

問者唯唯而退，余時方輯《詩傳》，因悉次是語以冠其篇云。淳熙四年丁酉冬十月戊子新安朱熹書。（卷七六）

百丈山記

登百丈山三里許，右俯絕壑，左控垂崖；疊石為磴，十餘級乃得度，山之勝蓋自此始。

循磴而東，即得小澗，石梁跨於其上，皆蒼藤古木，雖盛夏亭午無暑氣，水皆清澈，自高淙下，其聲濺濺然。度石梁，循兩崖，曲折而上，得山門，小屋三間，不能容十許人。然前瞰澗水，後臨石池，風來兩峽間，終日不絕。門內跨池，又為石梁。度而北，躡石梯數級入庵，庵才老屋數間，卑庳迫隘無足觀。獨其西閣為勝水，自西谷中循石罅奔射出閣下，南與東谷水並注池中。自池而出，乃為前所謂小澗者。閣據其上流，當水石峻激相搏處，最為可玩。乃壁其後無所睹。獨夜臥其上，則枕席之下，終夕潺潺，久而益悲，為可愛耳。

出山門而東十許步，得石台，下臨峭岸，深昧險絕。於林薄間東南望，見瀑布自前巖穴瀵湧而出，投空下數十尺，其沫乃如散珠噴霧，日光燭之，璀璨奪目不可正視。台當山西南缺，前揖廬山，一峰獨秀出。而數百里間，峰巒高下，亦皆歷歷在眼。日薄西山，餘光橫照，紫翠重迭，不可殫數。且起下視，白雲滿川，如海波起伏，而遠近諸山出其中者，皆若飛浮來往，或湧或沒，頃刻萬變。台東徑斷，鄉人鑿石容礎以度，而作神祠於其東，水旱禱焉。畏險者或不敢度，然山之可觀者，至是則亦窮矣。

余與劉充父、平父、呂叔敬、表弟徐周賓遊之，既皆賦詩以紀其勝，餘又敘次其詳如此。而最其可觀者：石礎、小澗、山門、石台、西閣瀑布也。因各別為小詩，以識其處，呈同遊諸君，又以告夫欲往而未能者。（《晦庵集》卷七八）

雲谷記

雲谷在建陽縣西北七十里蘆山之巔，處地最高，而群峰上蟠中皋下踞內寬外密，自為一區。雖當晴晝，白雲坌入，則咫尺不可辨。眩忽變化，則又廓然，莫知其所如往。

乾道庚寅，予始得之，因作草堂其間，榜曰晦庵。谷中水西南流七里，所至安將院東，茂樹交陰，澗中巨石相倚。水行其間，奔迫澎湃，聲震山谷。自外來者，至此則已神觀蕭爽，覺與人境隔異。故榜之曰南澗，以識遊者之所。始循澗北上，山益深，樹益老，澗多石底，下鬥絕，曲折回互。水皆自高瀉下，長者一二丈，短亦不下數尺，或詭匿側出，層累相承，數級而

下，時有支澗，自兩旁山谷橫注其中，亦皆噴薄濺灑可觀。行里餘，俯入薈翳百余步，巨石臨水，可跂而息。澗西危石側立，蘚封蔓絡，佳木異草，上偃旁綴，水出其下，淙散激射於澗中，特為幽麗。下流曲折十數，騰蹙沸湧，西抵橫石，如齦齶者，乃曳而長，演迤徐去。欲為小亭臨之，取陸士衡《招隱》詩語，命以「鳴玉」，而未暇也。

自此北去，歷懸水三四處，高者至五六丈，聚散廣狹，各有姿態，皆可為亭，以賞其趣。又北舍澗循山折而東行，腳底草樹膠葛，不可知其淺深。其下水聲如雷，計應猶有佳處，而亦未暇尋也。行數百步，得石壁，廣皆百餘尺，瀑布當中而下，遠望如垂練，視澗中諸懸水為最長。徑當其委蛇，揭而度回，視所歷群山，皆撫其頂。獨西北望，半山立石叢木，名豺子岩者，槎牙突兀，如在天表。然石瀑窮源，北入雲谷，則又已俯而視之矣。地勢高下，大略於此可見。谷口距狹為關，以限內外。兩翼為軒窗，可坐可臥以息遊者。外植叢篁，內疏蓮沼，梁木跨之，植杉繞徑，西循小山而上，以達於中阜。沼上田數畝，其東欲作田舍數間，名以雲莊。徑緣中阜之足，北入泉峽，歷石池山楹，藥圃井泉，中寮之西，折旋南入竹中，得草堂三間，所謂晦庵也。山楹前直兩峰，峭聳傑立。下瞰石池，東起層嶂，其脅可耕者數十畝，寮有道流居之。自中阜以東，可食之地，無不辟也。草堂前隙地數丈，右臂繞前，起為小山，植以椿桂蘭蕙，峭蒨岑蔚。

南峰出其背，孤圓貞秀，莫與為擬。其左亦皆茂樹修竹，翠密環擁，不見間隙。俯仰其間，不自知其身之高，地之迥，直可以旁日月而臨風雨也。堂後結草為廬，稍上山頂，北望俯見武夷

諸峰。欲作亭以望，度風高不可久，乃作石台，名以懷仙。小山之東徑，繞山腹，穿竹樹，南出而西下，視山前村墟井落，隱隱猶可指數。然亦不容置屋，復作台，名以揮手。南循岡脊，下得橫徑，徑南即谷口。小山其上小平，田畝即以祈年，因命之曰雲社。徑東屬杉徑，西入西崦。西崦有地數十畝，亦有道流，結茅以耕其間，曰西寮。其西山之脊蟠繞東下，與南峰西垂相齧。而谷口小山介居其間，如巨人垂手，拱玩珠璧。兩原之水合於其前，出為南澗。東寮北有桃蹊、竹塢、漆園，度北嶺有茶坡，東北行，攀危石，履側徑，行東峰之巔，下而復上，乃至絕頂平處。約丈餘，四隤皆巉削，下數百丈使人眩視，悸不自保，然俯而四瞰，面各數百里，連峰有無遠近，環合彩翠，雲濤昏旦萬狀，亦非世人耳目所嘗見也。

　　予嘗名湘西嶽麓之頂，曰赫曦台。張伯和父為大書，甚壯偉。至是而知彼為不足以當之，將移刻以侈此勝。絕頂北下有魏林，橫帶半岩，木氣辛烈，可已痁疾。疑即方家所用阿魏者。林下岩中，滴水成坎，大如杯碗，不竭不溢，里人謂之顯濟，水旱禱焉。又下為北澗，有巨石二，對立澗旁，嶙峋肯崒，古木彌覆，藤卉蒙絡，最為山北奇處，里人名其左曰仁，右曰義，歲時奉祠如法。聞自是東北去，有瀑布出油幢峰下，石崖隙下，水瀉空中數十丈，勢尤奇壯。東南別谷，有石室三，皆可居，其一尤勝。比兩房中，通側戶旁，近水泉可引以漱濯，然皆未暇往觀。

　　自東嶂南出小嶺下數十步，有巨石贔屭，下瞰絕壑，古木叢生，樛枝橫出，是為中溪。別徑下入村落，其中路及始入南澗。西崖小瀑之源，各有石田數畝，村民以遠且瘠棄不耕，皆以貲獲

之歲給守者，以其餘奉增葺費。勢若可以無求於外而足者。

蓋此山自西北橫出，以其脊為崇安、建陽南北之境，環數百里之山，未有高焉者也。此谷自下而上，得五之四，其曠然者可望，其奧然者可居。昔有王君子思者，棄官棲遁，學練形辟穀之法，數年而去。今東寮即其居之遺址也。然地高氣寒，又多烈風，飛雲所沾，器用衣巾，皆濕如沐，非志完神王，氣盛而骨強者不敢久居。其四面而登，皆緣崖壁援蘿葛崎嶇數里，非雅意林泉，不憚勞苦者，則亦不能至也。

自予家西南來，猶八十餘里，以故他人絕不能來，而予亦歲不過一再至。獨友人蔡季通家山北二十餘里，得數往來其間。自始營葺迄今有成，皆其力也。然予常自念自今以往，十年之外，嫁娶亦當粗畢，即斷家事，滅影此山。是時山之林薄當益深茂，水石當益幽勝，館宇當益完美。耕山釣水，養性讀書，彈琴鼓缶，以詠先王之風，亦足以樂而忘死矣。顧今誠有所未暇，姑記其山水之勝如此，並為之詩，將使畫者圖之，時覽觀焉，以自慰也。

山楹所面，雙峰之下，昔有方士呂翁居之，死而不腐，其地亦孤絕殊勝，本屬山北民家，今亦得之，名曰「休庵」。蓋凡耕且食於吾山者，皆翁之徒也。往往淳質清淨，能勞筋骨以自給，人或犯之不校也。有少年棄妻子從之，問其所授受，笑不肯言，然久益堅苦，無怨悔之色。嗚呼！是其絕滅倫類，雖不免得罪於先王之教，然其視世之貪利冒色，湛溺而不厭者，則既賢矣，因附記之，且以自警云。淳熙乙未秋七月既望，晦翁書。（《晦庵集》卷七八）

陸九淵一篇

送宜黃何尉序

民甚宜其尉，甚不宜其令；吏甚宜其令，甚不宜其尉。是令尉之賢否，不難知也。尉以是不善於其令，令以是不善於其尉，是令尉之曲直不難知也。東陽何君坦尉宜黃，與其令臧氏子不相善，其賢否曲直，蓋不難知者。夫二人之爭，至於有司，有司不置白，於其間遂以俱罷。縣之士民謂臧之罪不止於罷，而幸其去。謂何之過不至於罷，而惜其去。臧貪而富，且自知得罪於民，式遄其歸矣。何廉而貧，無以振其行李，縣之士民哀其窮，而為之裒囊以餞之。思其賢而為之歌詩以送之。何之歸亦榮矣！

比干剖心，惡來知政，子胥鴟夷，宰嚭謀國。爵刑舛施，德業倒植，若此者班班見於書傳。今有司所以處臧、何之賢否曲直者，雖未當乎人心，然揆之舛施倒植之事，豈不遠哉！況其民心士論，有以慰薦扶持如此其盛者乎？何君尚何憾！

魯士師如柳下惠，楚令尹如子文，其平停治理之善，當不可勝紀，三黜三已之間，其為曲直多矣。而《語》、《孟》所稱，獨在於遺逸不怨，厄窮不憫，仕無喜色，已無慍色。況今天子重明麗正，光輝日新。大臣如德星禦陰輔陽，以卻氛祲。下邑一尉，悉力衛其民，以迕墨令，適用吏文，與令俱罷，是豈終遺逸厄窮而已者乎？何君尚何憾！

雖然，何君聲譽若此其盛者，臧氏子實為之？何君之志，何君之學，遽可如是而已乎？何君是舉亦勇矣，誠率是勇，以志乎道，進乎學，必居廣居，立正位，行大道，使富貴不能淫，貧賤

不能移，威武不能屈，此吾所望於何君者。不然，何君固無憾，吾將有憾於何君矣。（《象山集》卷二十）

劉辰翁一篇

臨江軍合皁山玉像閣記

江西葛仙跡為多，合山最著。合山玉像閣最大，像最小。按熙寧《雙漸記》：隋開皇中，基靈山館得玉像三尊，遂建台殿。隋亂，以鐵鐘覆而埋之。至唐貞觀復出。而吾鄉周益公記謂：玉石像尺餘，憑幾而坐，二人跣足侍。咸通大火，像僅存，視鐵鐘則咸通鑄也，與漸記已不合。

余遊，屬德祐火後再創，問三尊已無有，獨小像可古尺半，鬚眉宛然，憑幾欲言，玉色通明，琢制精絕。而又與益公記不合。此穆陵所書玉像閣者。因問道人，尚方之所錫耶，鑿地之所得耶！蓋老宿莫能言。然棟炎絕天墜地，地墳鐘銷，柏廩無一物之覆以及此。此於吹萬劫燼末矣，難哉？

今臨江道錄李穎孫，堂構舊基，其高六丈，廣七間，霄極加隆，繚繞雄深。或謂閣至 ，像至尊也。藐山中之玉人，才仿佛乎冠裾，不似人中之有瞳子耶！安用神明通天，而樓居若是？嗟乎！為是說者，復何足以知至細之倪，與至大之域哉？道生於一，一者微塵之為體，而毫末之為倫，以至一身一國一天下亦一耳，而以蒼蒼之色，為有物於其間，亦如世有大人在乎中洲者耶！則雖鼓金銅以軒，若士之臂卻龍伯，以布巨人之跡。自達者觀之，乃亦與牽絲搏土同戲，而何以相劣？大莫大於元氣，而人間為小；廣莫廣於人心，而天為小。由元氣為人，由人為天，得

其精為赤子，得其道為嬰兒。昔之為賢為聖為不可知之，神無不以此是。故玉女以黃英為黍米，元始又以黍米為玄珠，自其大者而大之，則雖崇高效天下建五丈之旗，而不為侈；自其小者，退藏於密，則雖華蓋之下，北辰尊居，仰而視之，猶如一星子焉。

惟肖不待大，愈大似不肖，而況混沌之與形，太素之與樸，亦猶蚌隱泥沙而孕補陀之相石，含委核而獻龜蛇之符真。復有物在帝之先，而非人力所能就者。而自咸通火、熙寧火、德祐火，宮觀無遺，而睟容儼然。潁孫以道力負荷翼，為千載傑麗無前，則近世老聃之役，不大於此矣。通達之中有魏，魏之中有梁，梁之中有王，近故小也。王何與於虛空之數，虛空亦豈知有梁魏哉？如葛翁者飄然六合，猶其壺中在在而見之矣。重來偃腹，毋拂梁塵。（《須溪集》卷一）

謝枋得兩篇

與參政魏容齋書

九月吉日，前宋逋播臣、皇帝遊民謝某謹齋沐頓首致書於大參政公閣下。大元制世，民物一新，宋室逋臣，只欠一死。上天降才，其生也有日，其死也有時，某願一死全節久矣，所恨時未至耳。

皇帝慈仁如天，不妄殺一忠臣義士，雖曰文天祥被奸民誣告而枉死，後來冤狀明白，奸民亦正典刑，其待亡國之逋臣，可謂厚矣。某雖至愚極暗，豈不知恩所以寧為民不為官者，忠臣不事二君，烈女不事二夫，此天地間常道也。有伊尹之道，有伊尹之志，則何事非君，何使非民？若伯夷、柳下惠則自知不能為伊

尹，決不敢學伊尹矣。自丙戌程御史號雪樓將隆旨宣喚之後，今第五次蒙皇帝以禮招徠。上有堯舜，下有巢由。上有成湯，下有隨光。上有周武，下有夷齊。某所以效虞人之死而不往，願學夷齊之死，而不仕者，正欲使天下萬世知皇帝之量，可與為堯舜，可與為湯武，能使謝某不失臣節，視死如歸也。

茲蒙大參相公居管周先生道院，日夜勞動錄事司吏卒十餘人，及坊正屋主監守，豈不憂某之逃走耶？某是男兒，死即死耳，不可為不義屈，何必逃走。大參相公憂慮，亦大勞矣。先民有言：慷慨赴死易，從容就義難。某茲蒙大參相公縲絏而到大都，以縗絰見留忠齋諸公。且問諸公：容一謝某，聽其為大元閑民，於大元治道何損？殺一謝某，成其為大宋死節，於大元治道何益？只恐前誤大宋，後誤大元，上帝監觀，必有報應，諸公自無面目立於天地間。

某母喪未葬，據禮經，不可除服，只當縗絰見公卿，凶服不可入公門。皇帝有命，當歷寫江南官吏貪酷、生靈愁苦之狀，作萬言書獻闕下。一聽進退，忠臣不事二君，烈女不事二夫，此某書中第一義也。某自九月十一日離嘉禾，即不食煙火，今則並勺水一菓不入口矣，惟願速死。與周夷齊、漢龔勝同垂青史，可以愧天下萬世為臣不忠者。茲蒙頒賜，仰見禮士之盛心。某聞之，食人之粟者，當分人之憂；衣人之衣者，當任人之勞；乘人之車者，當載人之難。某既以死，自處度此生不能報答恩遇矣，義不敢拜受所有鈞翰台饋事件，盡交還來使，回納使帑。外郎又傳鈞旨云：欲訪問某何事。某初志，亦願效一得之愚，今則決不敢矣。魯有公甫文伯死，其母敬姜不哭。室老曰：「焉有子死而不

哭者夫？」其母曰：「孔子聖人也，再逐於魯，而此子不能從。今其死也，未聞有長者來，而內人皆行哭失聲閨中，自殺者三。此子也必於婦人厚而於長者薄也。吾所以不哭。」君子曰：「此言出於母之口，不害其為賢母也。若出於婦人之口，則不免為妬婦矣。」言一也，所居之位異，則人心變矣。某義不出仕者也，今雖有忠謀奇計，則人必以為妬婦矣。恐徒為天下所笑，惟相度容之。干冒鈞嚴，不勝悚栗。（《疊山集》卷二）

交信錄序

天下有達道，不曰朋友，而曰朋友之交。交者，精神有契，道德有同，非外相慕也。夫交以朋友，視君臣父子、夫婦昆弟則疏矣。易大傳曰：「定其交而後求。」定者，見其心之可交也，交亦豈易定哉？

公卿求士，見其才不見其心能負人，吾視魏其侯、翟廷尉悲之。士求公卿，見其勢不見其心能汙人，吾視揚雄、班固、蔡邕笑之。契之教人曰：「朋友有信」，孔門合交與信並言，信而交，交而信，亦可以無悔矣。同富貴相忌，而有九官十臣；同貧賤相疏，而有仲尼弟子。同患難相怨，而有東漢黨人。此謂交，此謂信，此朋友得以列於人倫也。

今人錄求交曰雲萍，雲萍皆無情之物，義已不信，交何能堅？請名之曰《交信錄》。交無上下，無貴賤，無死生，吾盡吾信，不敢求諸人。百年之間，萬世之後，倘能無愧天地，而謂之人始可見朋友之助，始可言交信矣。（同上書卷二）

文天祥三篇

文山觀大水記

自文山門而入，道萬松下，至天圖畫，一江橫其前。行數百步盡一嶺，為松江亭。亭接堤二千尺，盡處為障東橋。橋外數十步，為道體堂。自堂之右，循嶺而登，為銀灣，臨江最高處也。銀灣之上有亭，曰「白石青崖」，曰「六月雪」，有橋曰「兩峰之間」而止焉。天圖畫居其西，兩峰之間居其東。東西相望二三里，此文山濱江一直之大概也。

戊辰歲，余自禁廬罷歸日，往來徜徉其間，蓋開山至是兩年餘矣。五月十四日大水，報者至，時館中有臨川杜伯揚、義山蕭敬夫；吾里之士，以大學試，群走京師，惟孫子安未嘗往，輒呼馬戒車，與二客疾馳觀焉，而約子安後至。

未至天圖畫，其聲如疾風暴雷，轟豗震盪而不可禦，臨岸側目不得注視。而隔江之秧畦菜隴，悉為洪流矣。及松江亭，亭之對為洲，洲故垤然隆起。及是，僅有洲頂，而首尾俱失。老松數十本，及水者爭相跋曳，有偃蹇不伏之狀。至障東橋，坐而面上游，水從六月雪而下，如建瓴千萬丈，洶湧澎湃，直送乎吾前，異哉！至道體堂，堂前石林立，舊浮出水，而如有力者一夜負去。酒數行，使人候六月雪可進與否，圍棋以待之，覆命曰：「水斷道」，遂止。

如銀灣，山勢回曲，水至此而旋。前是立亭以據委折之會，乃不知一覽東西二三里，而水之情狀無一可逃遁。故自今而言，則銀灣遂為觀瀾之絕奇矣。坐亭上，相與諧謔，賦唐律一章，縱

其體狀，期盡其氣力，以庶幾其萬一。予曰：「風雨移三峽，雷霆擘兩山。」伯揚曰：「雷霆真自地中出，河漢莫從天上翻。」敬夫曰：「八風卷地翻雷穴，萬甲從天驟雪鬃。」惟子安素不作詩，聞吾三人語，有會於其中，輒拍掌捋須，捧腹頓足，笑絕欲倒，蓋有淵明之琴趣焉。倚闌愈時，詭異卓絕之觀不可終極，而漸告晚矣。乃令車馬從後，四人攜手徐步而出。及家而耳目眩顫，手足飛動，形神不自寧者久之。

　　他日，予讀《蘭亭記》，見其感物興懷，一欣一戚，隨時變遷，予最愛其說。客曰：「羲之信非曠達者，夫富貴貧賤、屈伸得喪，皆有足樂。蓋於其心而境不與焉。欣於今而忘其前，欣於後則忘其今，前非有餘，後非不足。是故君子無入而不自得，豈以昔而樂，今而悲，而動心於俯仰之間哉？」予憮然有間。自予得此山，予之所欣，日新而月異，不知其幾矣。人生適意耳，如今日所遇天壤間，萬物無以易此。前之所欣，所過者化，已不可追紀。予意夫後之所欣者，至則今之所欣者，又忽焉忘之。故忽起奮筆，乘興而為之記，且諗同遊者發一噱。（《文山集》卷一二）

撫州樂安縣進士題名記

　　撫領縣五，《進士題名記》自太平興國樂公史始，以迄於今，班班然。雖然，此記諸郡者，縣又各有記。郡縣皆以本人物之出，而縣又近也。樂安自紹興十八年始置縣，於時，士文富義豐，頭角嶄出，志氣凜然，蓋文物之發越久矣。三歲大比，由是而計偕者，始而二三人，繼而四五六七人。擢奉常第者，始而一

人，繼而二三人，斯盛矣，而記未立，闕也。

予同年新贛州教授何君，時以書來京師，曰：「薦於鄉而仕於國，皆士之達也。追其已往之不及記，待其方來之不勝記，將托諸石，以詔不朽。願假之一言辭不獲。」按圖志，縣始創，實割崇仁三鄉，與吉之永豐一鄉，斯土也，蓋文明之會也。山川之英，扶輿清淑之所藏，是故名世出於其間，歐陽子之於永豐，文恭羅公之於崇仁，是其人也。今縣東跨西並，收拾奇山水以為一國風氣磅礴，且百年於此，斯文之運，寖以張、王，此豈偶然之故邪。雖然，二君子所長，非科第也，有大焉者矣。登斯記也，山仰止，景行行止，當何如哉，當何如哉？（同上書卷一二）

指南錄後序

德祐二年二月十九日，予除右丞相兼樞密使，都督諸路軍馬。時北兵已迫修門外，戰守遷皆不及施。縉紳大夫士萃於丞相府，莫知計所出。會使轍交馳，彼邀當國者相見，眾謂予一行為可以紓禍國。事至此，予不得愛身，意彼亦尚可以口舌動也。初奉使往來，無留北者。予更欲一覘北軍，而求救國之策。於是辭相印不拜，翌日，以資政殿學士行。

初至北營，抗辭慷慨，上下頗驚動，彼亦未敢遽輕吾國。不幸呂師孟構惡於前，賈餘慶獻諂於後，予羈縻不得還，國事遂不可收拾。予自度不得脫，則直前詬虜帥失信，數呂師孟叔侄為逆；但欲求死，不復顧利害。北雖貌敬，實則憤怒。二貴酋名曰館伴，夜則以兵圍所寓舍，而予不得歸矣。

未幾，賈餘慶等以祈請使詣北，北驅予並往，而不在使者之

目。予分當引決，然而隱忍以行。昔人云：「將以有為也。」至京口，得間奔真州，即具以北虛實告東西二閫，約以連兵大舉中興，機會庶幾在此。留二日，維揚帥下逐客之令，不得已，變姓名，詭蹤跡，草行露宿，日與北騎相出沒於長淮間，窮餓無聊，追購又急，天高地迥，號呼靡及。已而得舟，避渚洲，出海道，然後渡揚子江，入蘇州洋，輾轉四明、天臺，以至於永嘉。

嗚呼！予之及於死者，不知其幾矣。詆大酋當死。罵逆賊當死。與貴酋處二十日，爭曲直，屢當死；去京口，挾匕首，以備不測，幾自剄死；經北艦十餘里，為巡船所物色，幾從魚腹死；真州逐之城門外，幾彷徨死；如揚州，過瓜洲楊子橋，竟使遇哨，無不死；揚州城下，進退不由，殆例送死；坐桂公塘土圍中，騎數千過其門，幾落賊手死；賈家莊幾為巡徼所陵迫死；夜趨高郵迷失道，幾陷死；質明避哨竹林中，邏者數十騎，幾無所逃死；至高郵，制府檄下，幾以捕係死；行城子河，出入亂屍中，舟與哨相後先，幾邂逅死；至海陵、如高沙，常恐無辜死；道海安如皋，凡三百里，北與寇往來其間，無日而非可死；至通州，幾以不納死；以小舟涉鯨波出，無可奈何而死，固付之度外矣！

嗚呼！死生，晝夜事也，死則死矣，而境界危惡，層見錯出，非人世所堪，痛定思痛，痛何如哉！

予在患難中，間以詩記所遭，今存其本，不忍廢，道中手自抄錄。使北營，留北關外，為一卷；發北關外，歷吳門毗陵，渡瓜洲，復還京口，為一卷；脫京口，趨真州、揚州、高郵、泰州、通州為一卷；自海道至永嘉，來三山，為一卷；將藏之於

家，使來者讀之，悲予志焉。

嗚呼！予之生也幸，而幸生也，何所為？求乎為臣，主辱臣死，有餘僇；所求乎為子，以父母之遺體，行殆而死，有餘責。將請罪於君，君不許；請罪於母，母不許；請罪於先人之墓，生無以救國難，死猶為厲鬼以擊賊，義也。賴天之靈，宗廟之福，修我戈矛，從王於師，以為前驅，雪九廟之恥，復高祖之業，所謂誓不與賊俱生，所謂鞠躬盡力，死而後已，亦義也。嗟夫！若予者，將無往而不得死所矣。向也，使予委骨於草莽，予雖浩然無所愧怍，然微以自文於君親，君親其謂予何？誠不自意，返吾衣冠，重見日月，使旦夕得正丘首。復何憾哉，復何憾哉！是年夏五，改元景炎。盧陵文天祥自序其詩名曰《指南錄》（同上書卷一八）

虞集四篇

小孤山新修一柱峰亭記

延祐五年，某以聖天子之命，召吳幼清先生於臨川。七月二十八日，舟次彭澤；明日，登小孤山。觀其雄特險壯，浩然興懷，想夫豪傑曠逸名勝之士，與凡積幽憤而懷感慨者之登茲山也，未有不廓然樂其高明遠大而無所留滯者矣。

舊有亭在山半，足以納百川於足下，覽萬里於一瞬，泰然安坐而受之，可以終日。石級盤旋以上，甃結堅緻，闌護完固，登者忘其險焉。蓋故宋江州守臣厲文翁之所築也，距今六十二年，而守者弗虔，日就圮毀。聚足以涉，顛覆是懼。至牧羊亭上，蕪穢充斥，不可少徙倚焉。是時彭澤邑令咸在，亦為赧然愧，艴

然怒，奮然將除而治之。問守者，則曰：「非彭澤所治境也。」乃相與憮然而去。

明日，過安慶，府判李侯維肅，某故人也，因以告之。曰：「此吾土也，吾為子新其亭，而更題曰『一柱』，可乎？夫所謂一柱者，將以卓然獨立，無所偏倚，而震凌衝激，八面交至，終不為之動搖。使排天沃日之勢，雖極天下之驕悍，皆將靡然委順，聽令其下而去。非茲峰其孰足以當之也耶？新亭崢嶸，在吾目中矣。子當為我記之。至池陽，求通守周侯南翁為吾書之以來也。」

李侯，真定人。仕朝廷數十年，歷為郎官，謂之「舊人」，文雅有高材，以直道剛氣自持，頗為時輩所忌。久之，起佐郡，人或憒其不足，侯不屑也。觀其命亭之意，亦足以少見其為人矣。且一亭之微，於郡政非有大損益也，到郡未旬日，一知其當為，即以為已任，推而知其當為之大於此者，必能有為無疑矣。

陳照小傳

陳照，字光伯，毗陵人。少遊郡庠有聲，三領鄉薦，登咸淳乙丑進士第，年已四十六。調丹陽尉。淮東帥印應雷素知其才，辟為壽春教，而留之幕府，掌箋翰。有《進瓊花表》，文甚清麗，人甚稱之。照以功業自許，樂仕邊郡，舉者滿數，改官知朐山縣，應雷猶留之幕府。丁母憂，歸毗陵。

歲甲戌，大元大兵渡江，江東西守者皆已降。大兵至沙武口，冒雪夜渡至馬洲，將攻常州。明年乙亥，宋明故參知政事蜀人姚希德之子嘗居常，起知其州；以照知兵，起復，添差通判常

州以佐之。嘗、照心知常無險,去臨安近,不可守,而不敢以苟免求生,同起治郡事。率羸憊就盡之卒,以抗全盛日進之師,厲士氣以守,繕城郭,備糧糗,治甲兵。照輸私財以給用,不敢以私喪失國事。身當矢石者四十餘日,心力罄焉。及兵至城下,擁壕而陣,城上矢盡不降。城且破,嘗死之,照猶調兵巷戰。家人進粥,不復食。從者進馬於庭曰:「城東北門圍缺,可從常熟塘馳赴行在。」照曰:「孤城,力盡援絕而死,職分也;去此一,無死所矣!」遣子出城求生,曰:「存吾宗之血食,勿回顧!」驅之,號泣以去。兵至,照遂死之。

宋人聞之,猶詔贈朝奉大夫,直寶章閣,與一子恩澤,下有司立廟。照死時,有僕楊立者,守之不去,北兵見而義之,縛之以歸,它日將以畀人。立曰:「吾從子得生,願終身焉。若以畀人,則死耳。」從之至燕,得不死。往來求常州人,得僧璘者,具以照死時事告其子孫乃已。既罷兵,丞相軍士管,為照孫,曰:「城破時,兵至天慶觀,觀主不肯降,曰:『吾為吾主死耳,不知其它。』遂屠其觀」云。一時節義所激如此。

照平生多文章,兵亂後略無存者,今惟有《進瓊花表》、《印應雷壙志》、《應進士》等文百餘篇存焉。徒觀其文華者,不知其能節義如此也。子四人,應鳳早卒;應黿、應麟皆鄉貢進士;某曾孫顯曾今為儒。

陵陽牟巘之曰:「舍門戶而守堂奧,勢已甚蹙,而嘗、照死,殆無愧於巡、遠。」照之友邵煥有曰:「宋之亡,守藩方擐甲冑而死國難者;百不一二;儒者知兵,小臣倉卒任郡寄而死,千百人中一二耳。若照者,不亦悲夫!」

史官曰：巴延丞相之取江南行軍功簿大小具在官府，可以計日而考之也。國朝《經世大典》嘗次第而書之，若照之死事，可以參考其歲月矣！（《道園學古錄》卷四四）

天心水面亭記

天曆三年春，臣集、臣洞、臣九思得侍清閒之燕，論山川形勝。臣九思曰：濟南山水似江南，殆或過之。臣洞之居在大明湖上、壅土水中而為亭，可以周覽其勝，名之曰天心水面，可想見其處矣。於是有勅臣集書其牓而記之。臣集再拜，稽首而言曰：昔宋儒邵雍氏之詩曰：「月到天心處，風來水面時。」臣洞蓋取諸此。臣聞：雍之為道，上達乎包羲，以至於帝堯周文。孔子之盛其始學也，隱居百原之山，仰而思之，至忘寒暑如是者。且二十年其製作在皇極經世，其性情寓於詩。程顥氏之言曰：「就其所至而論之，可謂安且成矣。」噫，非幾於古之所謂睿知者，其孰能與於此？然則臣何足以知之。雖然，竊嘗聞之斯二言者，豈非陰陽動靜之交乎？按先天圖，陽盡午中而姤生焉；擬之為月窟，陰盡子中而復生焉；擬之為天根，天根又曰天心所謂，天心，無改移是也。以月臨天心，非陰陽之互交者乎？巽之為卦，陰為主，於物為風；坎之為卦，陽為主，於物為水。以風之初，而行乎水之上，非動靜之始交者乎？所謂一動一靜之間，天地人之至妙。至妙者庶於此乎可見；而臣不足以言之也，請以人事論之。

月到天心，清之至也。風來水面，和之至也。今夫月未盈，則不足於東；既虧，則不足於西。非在天心，則何以見其全體。

譬諸人心，有絲毫物欲之蔽，則無以為清，墮乎空寂則絕，物又非其至也。今夫水滔滔汨汨，一日千里，趨下而不爭，渟而為淵，注而為海，何意於衝突？一旦有風鼓之，則橫奔怒激，拂性而害物，則亦何取乎水也？必也至平之水，而遇夫方動之風，其感也微，其應也溥，渙乎至文生焉，非至和乎？譬諸人心，拂嬰於物，則不能和；流而忘返，又和之過，皆非其至也。是以君子有感於清和之至，而永歌之不足焉。臣洞天資明爽，應物樂易，宜能有取於此，請以是為記（《道園學古錄》卷二十二）

撫州路樂安縣重修儒學記

　　元統元年冬，前進士錫哩布哈，字元溥，來為樂安縣達嚕噶齊。政尚清簡，民用孚化，言色不動，患除利興，大府信從而無所撓，下情安順而鮮所違。期月之間，遂以無事，則取其邑之廢弊而修補之。若官府、學校病涉之濟，醫師之宮，凡所當為而力可為者，以次為之，皆謹飭規制，善工美材，為經久之計，以待後之人，而先聖廟學為最重，是以尤致意焉。

　　樂安始置縣於故宋紹興十九年，學亦隨建在縣治之北仁義坊內。附國朝之初，得民舍徙置舊基之上。歲久圮壞，牽補相承而已。元溥以仍改至元，元年乙亥歲之正月作而新之，大修禮殿作殿之門若廡，以成廟製作講堂七間，以為師弟子執經問難、修禮容習，樂有司長吏率其屬，亦於此乎執事焉。作學官居室、諸生齋舍，以藏以息，小大稱事，無所苟且。

　　都宮之南，有池水，屬民間重購而得之。浚治寬衍，而面勢益以明敞，引術自池上出，洋洋然有遊覽風詠之興焉。畢工於明

年之十二月,其同僚尹張彥輔簿,定安尉孔思京,典史蹇居仁,又明年而代元溥者,則托克特莫爾也。今簿彭諾木罕、典史熊應辰、學官熊無忌去,而羅君友代之。其士民相率出私財至貳萬緡以相其成者,劉成德、蔡可道、李朝瑞、何性可、詹景能等;而總其役者,陳克恭也。

廟有麗牲之石,可因刻其修治歲月於其上矣。以予自國史歸老寓,其鄰邑求為執筆而書之。予聞昔人以崇仁、永豐之間,相距數百里,山谷修阻,官府遼遠,民無所保息。割兩縣之地,置一縣而治詹墟。是為樂安。二百年來,非惟其民,人得所休養,而豪傑秀異之士,代不乏人。自舉進士,至為執政,貴官若弟兄,父子相繼登進士第者,俱可考見。延祐年中,仁宗皇帝始以科舉取士,曠數郡或不能薦一人,而樂安獨先有登高科者,其後薦名於朝不絕。蓋其世修是業而名家者,諸父長老,率其昆弟子孫,修習無廢。自井邑田野,弦誦之聲相聞,是以逢掖之徒,環千里而觀之,或自以為不及也。且其山高而水清,地固而氣盛,故其風習充然有以自壯,足以有為,非若巽懦之不足興起,則吾元溥之新茲學也,其有望於士民者,豈苟然哉?

近時,業進士其專治者,非《易》、《詩》、《書》、《春秋》、《禮》之經乎?其所問辨者,非《論語》、《大學》、《中庸》、《孟子》之書乎?有司得推而舉之者,非所謂孝弟聞於鄉,信義孚於友者乎?夫進士者,朝廷取材之一途耳。有志之士,固不以其廢置得失,而有所作輟也。夫儒者之事,進士而已乎哉?為進士者,明斯經也;修斯行也,為道莫近焉。於是反求而自治,即此而不待於他求矣。取諸聖經賢傳之言者,舍銜鬻趨競之文,而求

修己治人之實，其所以見諸鄉黨鄰里者，不以苟逃吏議為僥倖，不以委曲鄉原為自喜，而求夫天性人倫之至焉。其來遊於斯學，致力於斯經斯行，朝益暮習，悉心盡悴，父兄之相教，子弟之相承，如攻進士業之勤苦，因其抗果強偉之質，而勇於為善焉，則人才之成就，鄒魯何愧焉？二三百年之進士雲乎哉？元溥之為治，可見者甚眾。吾觀其念，邑人之去郡遠田租之輸，勞費艱險嘗受後時之責，力請於上，得計直而納資。雖受代，猶懇懇言之，必欲使民久遠有所依賴，其所以優其生養使得以治其禮義，皆實意也。子游誦夫子之言曰：「君子學道則愛人，小人學道則易使。」必如斯也，庶幾元溥之心乎？具官虞集記。（《道園學古錄》卷三十五）

揭傒斯兩篇

楊氏忠節祠記

　　盧陵楊氏，作忠節祠者何？昔金人侵宋，沿江諸郡皆望風奔潰，其先忠襄公邦乂以建康通判被執，大罵死。韓侂胄專國擅政柄，文節公萬里以寶謨閣學士家居，聞之，三日不食死。故合而祀之也。中祀建康通判贈通奉大夫存者何？嘗以直抗蔡京，為楊氏忠義開先也。別祀廣東經略使長孺、吏部郎官孫子、同知昆山州事學文者何？經略仁聲義實，風概天下，在廣東三歲，祿入七萬緡，盡以代民輸丁租，不持一錢去。吏部闓通敏惠，奉法循理，為時良臣。昆山好德尚義，能以私錢復文節故居，割田百畝以建祠。事皆克紹先烈者也。

　　天下楊氏皆祖漢太尉震，盧陵之楊則自蜀徙，蓋太尉之孫、

唐國子祭酒，膳從僖宗幸蜀而居眉者之後也。

自秦漢之後有天下，卓然有三代之風者，宋而已。方其盛時，歐陽文忠公以古文正天下之宗，明王道之本；及其衰也，楊忠襄、胡忠簡以大義折敵國之氣，奮中興之運；當其亡也，文丞相斬首燕市，終三百年火德之祚，為萬世亡國之光，而皆出於盧陵，何其盛哉！

夫卓然可繼三代者，宋也！然夏之亡，以桀之暴；殷之亡，以紂之虐，又以湯武繼之，宜其東征西怨，無思不服。惟周以弱亡與宋同，然周之東遷亦有楊忠襄、胡忠簡乎？周之亡亦有文丞相乎？是能使周之亂亡，猶有愧於宋者，楊忠襄、胡忠簡、文丞相也。文丞相之死，豈非有忠襄、文節為之標準乎？不然，何又出於盧陵也？

忠襄不可及已。至若文節，年六十餘已懸車，告老將二十載矣，聞一權臣擅國，遂至餓死，使在文丞相時當何如哉！故盧陵若歐陽氏、楊氏、胡氏、文氏、又有身致干淳之治若周文忠氏，皆國家之元氣也，而歐陽氏又盧陵之元氣乎？昆山之子元正，請記忠節祠，故並及之。

嗚呼！觀楊氏祠，則盧陵多賢之故。楊氏人物之盛，宋三百年養士之效，亦可見已。世好言士無益於國，可乎？

元正亦楊氏之賢子孫也，由太常俸祀為江西行省屬。

祠成於大德七年，記作於元統二年。（《文安集》卷十）

故叔父常軒五府君哀辭

嗚呼！山巃嵸而崔崒兮，翳九原以榛榛，望不見夫人兮，聽

不聞其笑與言。風纚纚而不絕兮，雲漫漫而彌天。日翩翩而赴海兮，水咽咽而流川。匪美人之淪謝兮，餘孰為之悁悁。

惟叔父之堅貞兮，謂金石莫與齊其固，胡獨為此春冰兮，溘朝陽之零露。黃河可塞而陸兮，昆侖可鑱而夷，慨夫子之不可以作兮，使我心怳而神悲。

樸樕擁簀而蔽天兮，松栢僕而在泥。茞蕙冪歷而沉穢兮，百草厭浥而揚輝。鸞憒憒鏦六翮以投棘兮，鴟鴞高舉而天飛。犂牛仰空躍踔而長鳴兮，驊騮騧駼蹢躅靡徙而不肯馳。

世豈獨無此美人兮，恨予世之日替。入始與余言兮，出反以為戾。毀大璞於九達兮，和氏雖死其猶悲。傷洞庭震盪而噴薄兮，咸池之音反淪。降彼燕石之頑礦兮，夫乃珍緹什襲而藏之。彼鄭衛之淫哇兮。夫乃嘎啾？啞而揚之。嗚呼悲矣哉！

予方構廈屋之巍巍兮，何中道而奪此規矩？予方鳴塤箎而會音兮，何不留此律呂？涕綏綏以沾裳兮，心怦怦而煩驚。目宛宛而凝望兮，愁綿綿而誰語？旟翩翩以摩雲兮，夫子何不少留？夫子終不可以留兮，徒使我旦暮鬱壹而增憂。夫子其天飛而地降兮，雖欲從之莫知其由。嗚呼噫嚱兮，我心悠悠！（《文安集》卷十四）

劉塤一篇

水竹佳處記

　　虔州東門外，沿盱水而下二十里，其地為梅潭。繇梅潭絕江而南，其地為查溪。瀕溪有隱者居焉，其人為月潭曾君。餘嘗過其廬，乃在翛然水竹間，清漪淪漣，翠玉叢鬱。餘絕喜之，為名

曰：水竹佳處。

　　君征余記。余語君曰：「競利名者趨市朝，適興趣者樂山水。山水之佳，視市朝不大勝乎？嘗試即君所居而求之，韶景沖融，桑麻杳靄，耕犂如雲，江鱗游泳，春之佳處也；梅林諸波，舸艦銜尾，龍兒觧籜，禽語宮商，夏之佳處也；秋之佳處，山眉洗黛，月浸澄江，蓼映而鷗鷺飛；冬之佳處，疏林枯梢，瓊田玉界，行客稀而漁舟沸。佳矣哉？四時乎！且也，庭宇深明，琴書橫陳。有舞萊子之彩於堂前者，有斟安仁之觴於膝下者，則佳處不在水竹，而在君之家庭。猶未也。忠厚培福壽，詩禮淑子孫，動而不與物忤，靜而與天者遊，則佳處不在家庭，而在君之方寸間。繇方寸推焉，善積而慶長，其佳處正浩浩乎無涯也。

　　「余亦居近盱濱，庭有疏竹，顧倚市而多囂，乃不能如君得佳處。餘甚羨君矣。雖然，幸共一江，相距且不大遠。君如許我，則酒餘書暇，乘興扁舟，將時一詣君焉，佳處未必不容分半席也。」君曰：「諾，其為我歌。」

　　乃歌曰：眇清盱兮縈紆，森綠竹兮繞廬。誰宅其間兮，曰月潭翁之攸居。儼獨擅夫佳處兮，吾欲繪而為圖。庭多蘭玉兮，家富詩書。里稱善人兮，神明翕扶。吾祝君以福壽兮，君宜懋德以自娛。吾欲分席兮，君毋笑曰爾何其愚。

　　至大庚戌歲嘉平月記（《水雲村稿》卷三）

程鉅夫一篇

此君軒記

　　古之爵五等，而有土有民者曰君；非有土有民而蒙是號，必

其德有可尚者也。人而能是，亦希矣。竹，物也，而何以得此稱
於子猷哉？竹之德固可尚：心虛而神清，貫四時而不改也。晉人
尚雅趣，頗以不事事為清虛。吁！比德於竹者，如斯而已乎？！
吾至官，借宅於人，而植竹於西軒之外，復借子猷所以號竹者名
吾軒。吁！吾軒借於人也，軒之名借於人也，皆非吾所自有也，
獨所以如竹者，非可借於人，而意子猷或未之知。然則子猷之君
此，君亦借耳。借歟非歟？是未可知也，吾將問之此君。至元三
十一年五月五日記。（《雪樓集》卷十一）

吳澄兩篇

卷舒堂記

昔人心畫之傳於世者不少，而顏魯公之字至今為天下寶，豈
獨以其字畫之勁而已？志節如其字也！盧陵文信公之志節蓋有大
於魯公，則其字之可寶為何如哉？「卷舒堂」三字，公往時為其
鄉人劉氏靜隱公作也。翁之二子構書塾，揭名扁，俾家之子弟及
裡之子弟卷舒簡編其間，一翁二季，後先濟美，好尚之超於流俗
遠矣！

夫卷而舒，舒而卷，卷而復舒者，以書之不可不熟讀也。讀
之將何求？必有以也。而世之讀者，不過以資口耳之記誦，不過
以助辭章之葩豔。鸚舌翠羽，悅聽視焉耳矣。察其為人，稽其行
事，胸蟠萬卷之儒，或不如目不識一丁之夫。何哉？讀而不知其
所以讀也。且書之所載，果何言與？理也，義也。理義也者，吾
心所固有，聖賢先得之，而寓之於書者也。善讀而有得，則書之
所言，皆吾之所有，不待外求也。不然，買其櫝而還其珠，雖手

不停披，口不絕吟，一日百千卷舒，書自書，我自我，讀之終身，猶夫人也，而何益焉？不惟無益也，甚其過者有矣：長其驕，長其傲，長其妄誕，長其險譎，靡不由書之為崇。彼之胸中無一字者，或不如是也。噫，是豈書之禍人哉？人之禍吾書爾！

予不識劉之二季，而吾友劉光澤稱其靜愨溫雅，稱其明練爽豁，則其質固可以學聖賢矣。以其可學聖賢之質，楷式其子弟而進之於書，其必能有得於書之理義而不虛讀也。信公之為人臣，真有得於書者也。得其所得，而推之以為父為子，推之以為夫為婦，以至為兄弟、為朋友，莫不皆然。是之謂善讀書。因覽光澤之記而附予說，以告夫卷舒堂之卷舒者云。年月日記。（《吳文正集》卷四十二）

送何太虛北遊序

士可以遊乎？「不出戶，知天下」，何以遊為哉！士可以不遊乎？男子生而射六矢，示有志乎上下四方也，而何可以不遊也？

夫子，上智也，適周而問禮，在齊而聞韶，自衛復歸於魯，而後雅、頌各得其所也。夫子而不周、不齊、不衛也，則猶有未問之禮，未聞之韶，未得所之雅、頌也。上智且然，而況其下者乎？士何可以不遊也！

然則彼謂不出戶而能知者，非歟？曰：彼老氏意也。老氏之學，治身心而外天下國家者也。人之一身一心，天地萬物咸備，彼謂吾求之一身一心有餘也，而無事乎他求也，是固老氏之學也。而吾聖人之學不如是。聖人生而知也，然其所知者，降衷秉

彝之善而已。若夫山川風土、民情世故、名物度數、前言往行，非博其聞見於外，雖上智亦何能悉知也。故寡聞寡見，不免孤陋之譏。取友者，一鄉未足，而之一國；一國未足，而之天下；猶以天下為未足，而尚友古之人焉。陶淵明所以欲尋聖賢遺跡於中都也，然則士何可以不遊也？

而後之遊者，或異乎是。方其出而遊乎上國也，奔趨乎爵祿之府，伺候乎權勢之門，搖尾而乞憐，脅肩而取媚，以僥倖於寸進。及其既得之，而游於四方也，豈有意於行吾志哉！豈有意於稱吾職哉！苟可以奪攘其人，盈厭吾欲，囊橐既充，則陽陽而去爾。是故昔之遊者為道，後之遊者為利。遊則同，而所以遊者不同。

余於何弟太虛之遊，惡得無言乎哉！太虛以穎敏之資、刻厲之學，善書工詩，綴文研經，修於己，不求知於人，三十餘年矣。口未嘗談爵祿，目未嘗睹權勢，一旦而忽有萬里之遊，此人之所怪而餘獨知其心也。世之士，操筆僅記姓名，則曰「吾能書」！屬辭稍協聲韻，則曰「吾能詩」！言語佈置，粗如往時所謂舉子業，則曰「吾能文」！闔門稱雄，矜己自大，醯甕之雞，坎井之蛙，蓋不知甕外之天、井外之海為何如，挾其所已能，自謂足以終吾身、沒吾世而無憾。夫如是又焉用遊！太虛肯如是哉？書必鐘、王，詩必陶、韋，文不柳、韓、班、馬不止也。且方窺闖聖人之經，如天如海，而莫可涯，詎敢以平日所見所聞自多乎？此太虛今日之所以遊也。

是行也，交從日以廣，歷涉日以熟，識日長而志日起。跡聖賢之跡而心其心，必知士之為士，殆不止於研經綴文、工詩善書

也。聞見將愈多而愈寡，愈有餘而愈不足，則天地萬物之皆備於我者，真可以不出戶而知。是知也，非老氏之知也。如是而遊，光前絕後之遊矣，余將於是乎觀。

澄所逮事之祖母，太虛之從祖姑也。故謂余為兄，余謂之為弟云。《吳文正集》卷三十四）

王炎午一篇

生祭文丞相文

丞相再執，就義未聞。慷慨之見固難測識，因與劉堯舉對床，共賦感慨嗟惜之。堯舉先賦云：「天留中子墳孤竹，誰向西山飯伯夷。」予問其下句義，則謂伯夷久不死，必有飯之矣。予謂「向」字有憂其饑而願人飼之之意，請改作「在」字如何？堯舉然之。予以寂寥短章，不足用吾情，遂不復賦。

蓋丞相初起兵，僕嘗赴其召，進狂言，有云：「願明公復毀家產供給軍餉，以倡士民助義之心；請購淮卒參錯戎行，以訓江廣烏合之眾。」它所議論，狂斐尤多。慷慨戀愚，丞相嘉納，令何見山進之幕府，授職從戎。僕以身在太學，父歿未葬，母病危殆，屬以時艱，忍進難効忠，退復虧孝，倥傯感泣，以母老控辭，丞相憐而從之。僕於國恩為已負，於丞相之德則未報，遂作《生祭丞相文》，以速丞相之死。堯舉讀之流涕，遂相與謄錄數十本，自贛至洪，於驛途水步山牆店壁貼之，冀丞相經從一見。雖不自揣量，亦求不負此心耳。堯舉名應鳳，黃甲科第，授僉判，與其兄堯諮，文章超卓，為安成名士。

載維年月日，里學生、舊太學觀化齋生王炎午，謹採西山之

薇，酌汨羅之水，哭祭於文山先生未死之靈而言曰：

嗚呼！大丞相可死矣！文章鄒魯，科第郊祁，斯文不朽，可死！父，受公卿祖奠之榮，奉母，極東西迎養之樂，為子孝，可死！二十而巍科，四十而將相，功名事業，可死！仗義勤王，使命不辱，不負所學，可死！華元跳踉，子胥脫走，丞相自敘，死者數矣。誠有不幸，則國事未定，臣節未明。今鞠躬盡瘁，則諸葛矣；保捍閩廣，則田單即墨矣；倡義勇出，則顏平原、申包胥矣。雖舉事率無所成，而大節亦無愧，所欠一死耳。奈何再執涉月逾時，就義寂寥，聞者驚惜。豈丞相尚欲脫去耶？尚欲有所為耶？或以不屈為心而以不死為事耶？抑舊主尚在不忍棄捐耶？

伏橋於廁舍之後，投築於目矐之餘，於此希再縱，求再生，則二子為不知矣。

尚欲有所為耶？識時務者在俊傑。昔東南全勢不能解襄圍，今以亡國一夫而欲抗天下？況趙孤蹈海，楚懷入關，商非前日之頑，周無未獻之地。南北之勢既合，天人之際可知。彼齊廢齊興，楚亡楚復，皆兩國相當之勢，而國君大臣固無恙耳。今事勢無可為，而臣皆為執矣。臣子之于君父，臨大節，決大難，事可為則屈意忍死以就義。必不幸，則仗大節以明分。故身執而勇於就義，當以杲卿、張巡諸子為上。李陵降矣，而曰欲有為，且思刎頸以見志，其言誠偽。既不可知，況刑拘勢禁，不及為者十八九。惟不刎，刎豈足以見志？況使陵降後死它故，則頸且不復刎，志何自而明哉！丞相之不為陵，不待知者而信，奈何慷慨遲回，日久月積，志消氣餒，不陵亦陵，豈不惜哉！

欲不屈而死耶？惟蘇子卿可。漢室方隆，子卿使耳，非有興

復事也，非有抗誓師讎也。丞相事何事？降與死當有分矣，李光弼討史思明，方戰，納劍於靴曰：「夫戰，危事也。吾位三公，不可辱於賊，萬一不利，自當刎！」李存勗伐梁，梁帝朱友貞謂近臣皇甫麟曰：「晉，吾世讎也，不可俟彼刀鋸，卿可盡我命。」麟於是哀泣進刃於帝，而亦自刎。今丞相以三公之位，兼睊睊之讎，投機明辨，豈堪在李光弼、朱友貞下乎？屈且不保，況不屈乎？丞相不死，當有死丞相者矣。自死於義，死於勢，死於事。以怒罵為烈，死於怒罵，則肝腦腸腎有不忍言者矣。雖湯鑊刀鋸，烈士不辭，苟可就義以歸全，豈不因忠而成孝？事在目睫，丞相何所俟乎？

以舊主尚在，未忍棄捐也？李昇篡楊行密之業，遷其子孫於廣陵，嚴兵守之，至子孫自為匹偶，然猶得不死。周世宗征淮南，下詔撫安楊氏子孫，李昇驚疑，盡殺其族。夫撫安本以為德，又反為禍，幾微一失，可不懼哉！蜀王衍既歸，唐莊宗發三辰之誓，全其宗族。未幾，信伶人景進之計，衍族盡誅。幾微之倚伏，可不畏哉！夫以趙祖之遇降主，天固巧於報施。然建共暫處，倨坐苟安，舊王正坐於危疑，覊臣尤事於骭髒，而聲氣所逼，猜嫌必生。豈無李昇之疑，或景進之計，則丞相於舊主，不足為情而反為害矣！

炎午，丞相鄉之晚進士也，前成均之弟子員。進而父歿，退而國亡，生雖愧陳東報汴之忠，死不效陸機入洛之恥。丞相起兵次鄉國時，有少年狂子，持斐牘叫軍門，丞相察其憂憤而進之，憐其親老而退之，非僕也耶？痛惟千載之事，既負於前；一得之愚，敢默於後。進薄昭之素服，先元亮之挽歌，願與丞相商之。

盧陵非丞相父母邦乎？趙太祖語孟昶母曰：「勿戚戚，行遣汝歸蜀。」昶母曰：「妾太原人，願歸太原，不願歸蜀。」契丹遷晉出帝及李太后、安太妃於建州。太后疾，死謂帝曰：「死焚其骨送范陽僧寺，無使我為邊地鬼也！」安太妃臨卒，亦謂帝曰：「當焚我為灰，向南揚之，庶遺魂得返中國也！」彼婦人，彼國後。一死一生，尚眷眷故鄉。不忍飄棄仇讎外國，況忠臣義士乎！人不七日穀則斃，自梅嶺以出，縱不得留漢廄而從田橫，亦當吐周粟而友孤竹，至父母邦而首丘焉！

盧陵盛矣！科目尊矣！宰相忠烈，合為一傳矣。舊主為老死於降邸，宋亡而趙不絕矣。不然，或拘囚而不死，或秋暑冬寒，五日不汗，瓜蒂噴鼻而死，畏死，排牆死，盜賊死，毒蛇猛虎死。輕一死於鴻毛，虧一簣於泰山。而或遺舊主憂，縱不斷趙盾之殺君，亦將悔伯仁之由我，則鑄錯已無鐵，噬臍寧有口乎？

嗚呼！四忠一節，待公而六。為位其間，聞訃則哭。（《文章辨體彙選》卷七百五十九）

傅若金一篇

梅江記

鄠為邑，居群山之阿，山多石，鮮平地，崖峭壁聳，上絕天半。水泉之發，間關出石下，鬱流千折，然後稍趨平焉。其山川清氣之會，涵異蓄靈，於江宜盛。凡物之泄，其芳潤，萃其菁華，不為佳木奇卉，必為秀民。鄠治之南有梅江，邑士張世傑嘗居其涘久之，因取以自號。夫名者，實之所生也。江有梅，地氣所宜。昔人名江，亦必取其所宜木矣，而今者實不見斯物焉。此

其芳潤之積，菁華之　，意者不在於梅而在世傑矣，又何必生佳木奇卉而後為江之秀異哉！然吾聞江之為德，會流大者其潤必廣，為浸小者其溉亦狹。士患不志其大者焉；苟志之，勺水之生可以為河海，寸雲之出可以雨天下。世傑亦大其渟滀而勿拘於細流，吾見由是江而導之沛乎汪洋，浩乎演迤，所至惡可涯涘哉！（《傅與礪詩文集》卷二）

梁寅一篇

河源記

　　古今河源之說異。《禹貢》云：「導河自積石。」未窮其源也。漢張騫云：「河有兩源，一出於闐，一出蔥嶺。」唐薛元鼎云：「得河源於昆侖。」蓋皆傳聞者。《山海經》言：「昆侖之水，赤黃黑青，色以方異。」《穆天子傳》言：「陽紆之山，河伯所居，是為河宗。」佛書言：「阿耨達山，有大淵水，即昆侖也。」其山名往往不同者，或古今變易，或番漢異稱；不然，記者之妄耳。

　　按潘侍讀昂霄《河源志》，今朝之究河源，蓋得之目睹，非傳聞者也。太祖嘗征西夏，過沙陀，至黃河九渡。九渡者，在昆侖西南。憲宗命皇弟旭烈征西域，凡六年，拓地四萬里，而河源在域內矣。至元庚辰，世祖命都爾蘇往西域，將城其地，以通互市。自河州行五千里，抵河源。及還，圖城郭位置以聞。上悅，以為吐蕃都元帥。領工徒以往，使其弟庫庫楚馳奏，大臣沮之，次年還。

　　河源在吐蕃西鄙，有泉百餘竇，地方七八十里，皆沮洳，不

勝人跡，泉不可逼觀。登其旁嶺，下視泉寶，歷歷如列星然。故名「鄂端諾爾」。「鄂端」者，漢言「星宿」也，「諾爾」者，海也。星宿海合流而東，匯為二澤，復合流，始名黃河，然猶清可涉。河析為九，即九渡也。廣五七里，下復合流。漸遠，水益渾，土人抱革囊騎過之。其聚落之處，多編木如舟以濟，附以毛革，中僅容二人。又東，則兩山峽束，廣可一二里，或半里，深叵測矣。昆侖腹頂皆雪，盛夏不消，河過其南，距山麓僅五六十里。又南，為四達之沖，地多盜，常鎮以兵，昆侖之西，人民少，山居，其南山峻，獸有旄牛、野馬、狼狍、獂羊之屬。東則山益峻，而地漸下，岸至狹，或狐可躍度。河至貴德州，始有官治。歷積石至河州東北流，蘭州、鳴沙州、應吉里州。流正東。自星宿海至漢地河。南北小水旁注者眾、其山或草或石。至積石始林木暢茂。世言河九曲。而彼地有二折云。

《漢書》言：「蔥嶺河至蒲昌。海水洑流而出臨洮。」今洮水自南下。非蒲昌也。土人言于闐，蔥嶺水下流，散之沙磧，則其洑流信然，然其復出者莫知矣。或又云黃河與天通，又云昆侖去嵩山五萬里，閬風元圃，積瑤華蓋，仙人所居，皆妄也。世多言河出昆侖者，蓋自積石而上，望之若源於是矣，而不知星宿之源在昆侖之西北，東流過山之南，然後折而抵山之東北，其遶山之三面如玦焉，實非源於是山也。然凡水者，山之血脈也。山而廣，則其水必眾而巨。昆侖至高廣者也，而謂無一水源於其間耶？其不言之者，蓋欲破昔之謬，著今之奇，故略之爾。

延祐中，庫庫楚為翰林承旨，潘侍讀與同僚，故得其言如是。余喜其詳而信，因述之以資多考云。（《石門集》卷六）

危素兩篇

昭先小錄序

宋德祐元年十月乙　，通判常州陳公照死城守。後六十九年，為大元至正三年，皇帝詔修《遼》、《金》、《宋史》，其曾孫顯曾以書告史官翰林直學士王公沂師魯、翰林修撰陳君祖仁子山、經筵檢討危素太樸，請錄公死節事。陳君及素復書曰：「史官修撰余君廷心，實當紀公事，而慎重不輕信。」於是顯　又亟以書告餘君，反復哀痛。餘君雖愛其詞，然猶難之。後從國史院史庫得《德祐日記》，載公授官歲月，與夫復城、城守、兩轉官、城破死節、褒贈等事甚悉，始為立傳，而顯曾未知也。遂走京師，使謁餘君以請。今其傳既上進矣，顯　退而輯次諸公為公所著文字，及其前後所與書問，題曰《昭先錄》，使素序其端。素使過常，詢其父老，而參以野史雜記所載，獨恨忠義之家，其子孫往往才智下，不能道先世事，可勝悲哉！而顯曾獨卷卷焉於此，懼其先德之不傳，可謂賢矣。且顯曾學行淳懿，方出為當世之用，此《錄》蓋不待序而傳者。然素讀宋禮部郎官鄧公光薦《續宋書》，謂常之天慶觀道士，收城內外積骸萬數，至不可計，井池溝塹，無不充滿，僅餘婦女嬰兒四百而已。大軍入江南，屠戮未有如此者，則常之事，史家尤當盡心焉。

按大元丞相巴延驅降將呂文煥由常向臨安。先是，左丞安塔哈攻之月餘，不能下。會守臣趙與鑒稱病，溫人王良臣者，屢舉不中，流落無籍人也，適寓常，與錢訔者詐稱郡官，開門迎降。降書首署錢　，而末及已。今法以署後者為長，良臣遂守郡，　乃

次之。是年三月，故參知政事姚公希得之子，以知某州，家居宜興，與公合謀，起兵民二萬，復常州。事聞，丙申，授嘗帶行軍器監簿，知常州，調揚州兵七千隸之。五月戊子，公差通判常州。六月戊辰，特以其職起復，加奉議郎。於是樞密院都統制劉師勇，副統制王安節，皆以督府命分兵守常，加師勇安撫使，殿前都統制張彥攻呂城，八月，加彥遙郡觀察使，師勇防禦使，又命統制張全將淮兵二千來援。文天祥督軍平江，公之子應黿奔愬乞援，天祥義之，使朱華將三千人，尹玉將五千人會於五牧。全往橫林，設伏於虞橋。大兵掩至，麻士龍死之，全不救，走還五牧。華欲掘塹設柵，全皆不許。大兵薄華軍，華力戰，自辰至未，華軍死於水者不可計。至暮，大兵遶出華背，曾全、謝雲、胡遇、玉先遁。尹玉力戰，手殺七八十人。全軍隔岸，不發一矢。華軍渡水挽船，全斷挽者指，於是多溺死者。尹玉戰死，全亦宵遁，惟尹玉殘軍五百與大兵角，皆並力死戰，無一降者。質明，易崇等四人脫歸天祥，謀再遣兵，道不通矣。全，淮東償將也，嘗從許文德復清河。兵已入城，全鳴金散眾。文德不敢以斬將自專，送之帥閫，竟免之。及是，天祥欲先斬全，並置敗將於軍法，以全朝廷所遣，請於陳宜中，宜中又免之，卒以降。天祥至余杭，姑斬曾全以徇耳。

自呂城之敗，城中短氣，猶堅守四十餘日。殿司及所親藉藉偶語，欲進異謀，輒憚師勇忠壯，莫敢發言。俄，群鴟飛鳴匝城中，眾疑其妖。亡何，大軍有鴉鵲亡集城上，請以善馬金帛贖之，師勇不與。與淮將謀，卜十月丁巳，率勁兵突圍出戰。乙卯，巴延親率廿萬眾抵城下，急攻北門。將士力戰，甫退，遽攻

南門。屬地分將張超離所部謁神祠，大兵自超所守處登城，軍士不見主將，拒鬥不力，城遂破。撥發官傅忠導師勇，以數百人開東門拔柵逾塹而去。師勇弟馬墮塹，躍不能起，師勇遙舉手與訣。轉戰而前，間道疾走，幾危者數。比至平江，才十一騎云。安節善用雙刀，率死士數人巷戰，及左股斷，猶手殺數十人。大兵脅之降，安節大詬曰：「汝不知守合州王節使耶？乃吾父也，吾豈為降將軍辱吾先人！」遂死之。天祥後系燕獄，為詩哀常州雲：「常州，宋睢陽也，北兵憤其堅守，殺戮無遺，死者皆忠義之鬼，哀哉！哀哉！」詩曰：「山河千古在，煙火一家無。壯甚睢陽守，冤哉馬邑屠。蒼天如可問，赤子果何辜？唇齒提封舊，撫膺三歎籲。」 縱火自焚。公調兵巷戰，敗歸，坐聽事。左右牽馬，請由小東門出。公曰：「去此一步，非死所矣！」日中，兵至堂上，慷慨不屈，死於所居之位。是時，淮軍死鬥，人殺數人乃死。有婦人重傷，伏積屍下，見淮軍六人，為大兵所逐。六人反背相拄，且前且鬥，殺數十百人乃斃。莫謙之者，宜興浮屠，起兵戰死。徐道明，天慶觀道士，不降死。至是宋雖危，猶用褒恤之典：贈麻士龍正任高州刺史，一子承信郎。尹玉濠州團練使，立廟贛州，一子承節郎，賜田二畡。王安節，保定軍承宣使，諡忠藎，二子大使臣恩澤，賜銀絹五百、會子廿萬、田千畝。姚訔，龍圖閣待制。公得贈朝奉大夫直寶章閣，一子將仕郎，皆立廟。莫謙之，武功大夫。

　　昔聞儒者之言曰：天地有大經，亙萬世而不泯者，忠義是也。夫惟敗亡之國，其人乃見。而有道之朝，務存至公，不責其抗而錄其節。至於倒戈迎降開門輸欵者，雖賞之爵之，而未嘗不

疑其心、薄其行。是以高祖致丁公之戮，文皇章君素之贈，皆所以植天表、正民德、崇世功，非淺見俗識所能測也。仰惟今皇帝示天下以至公，明詔史臣，毋諱死節。素待罪史官，分修忠義傳，網羅放失，夙夜兢兢，故常之事得而備書之。然猶恨死者多逸其氏名，為之永嘅而已，顧安得家有賢子孫如顯曾之能昭其先者乎！

公家本寒素，既祿食，歲連稔，頗多積粟。鄉人之乏食者，以衣來質，即以粟與之，頻歲不贖之衣甚多。是歲，又盛釀酒。九月十有三日，公生之日，應黿自無錫以數舟載衣及酒，盡裝以入城稱壽，因犒軍士。畢，公曰：「吾必死此，吾宗不可無後，汝歸守墳墓，毋復來。」泣別而出。故應黿既請援督府，又傾家募士以補散亡。革命之後，杜門不出，命子協購求公遺文錄藏之，衣冠不改，終其身焉。顯曾之生，協稟命其父以制名字，以景忠訓之曰：「顯曾者，欲汝顯其曾祖也。景忠者，欲汝景慕曾祖之忠烈也。汝其識之！」及病革，遺言曰：「汝毋忘重闈之養及名字之命！」顯曾泣曰：「不敢。」已而目不瞑。顯曾泣曰：「不敢忘遺訓也。」乃瞑。時顯曾年方十六。故顯曾克篤孝誠，久而弗懈。餘讀其昭先之錄，亦必為之廢書而感泣也。至正六年四月既望，史官危素序。（《說學齋稿》卷三）

送道士李九成序

余未弱冠，讀書於貴溪盧氏之館。時盧尊師自閑處玉清道館，每休暇，輒過其室，尊師為之陳豆觴，從容竟日而退，則與其徒嬉游茂林修竹之間，彈琴焚香，翛然不知世慮之牽人也。後

數年，再過之，尊師已仙去，徘徊久之，乃行。及客京師，驅馳塵土以求升門之祿， 讀剡原戴先生所著《拂雲樓記》，思玉清之勝，茫乎若弱水之不可度矣。李君九成，尊師之弟子也，與余別幾三十年，相見於輦下，其齒後於余，握手道舊故，驚其鬚髮亦變，余於是浸尋將老，問向時遊從諸子，則多物故，吾視人世為何如哉？昔者向子平、宗少文，志在山水之間，以自娛適，好爵不足以麋之。余之不肖，竊尚友其人於千載之上，苟得乞身以去，名山大川可以遊目而騁懷，一日復尋舊遊之跡，於玉清之館，期與君踐斯言於他日，未為晚也。（《說學齋稿》卷四）

楊士奇三篇

東耕記

客有過余譚東畊子之事者，曰：「所居吳淞江之上、九峰三泖之墟。其為人質實，無聲色之娛，惟勤稼事。歲東作既興，每旦率子弟載耒耜畚鍤往治播種，暮乃息。或日中躬任餉饁有餘暇，而天日融霽， 杖行塍間，察視所不及。迨夏耘，其勤如之，秋穫，勤亦如之。計其歲中三時之日，率什六七在田，歲以為常。

有愛之曰：『盍少自逸耶？』曰：『吾民耳，顧無他材能可以裨於時，又不自力以食，乃欲仰食乎人耶？』而其積有餘，遇公府徭賦令下，必先趨事，曰：『凡吾民得安乎田里，足乎衣食，無強凌眾暴之虞，而有仰事俯育之樂者，上之賜也。吾既無以報大德，又不盡力於此，何以為人乎？』」

余聞客之言，歎曰：「嗚呼！世之人蓋有非其力不食者矣，

如惓惓於君上之大德，不敢忽忘，非知本者能之乎？誠使世之為民者，其所存皆然。俗化可厚，而刑罰可以無用也。」

客聞余言，曰：「願書之！」遂為之書。東畍子，潘氏字大本東畍其號。余未嘗識東畍子，皆得之於客。客為中書舍人潘謙，蓋其兄云。（《東裡集》文集卷一）

翠筠樓記

吉水之東，桐江之上，其地多竹，其里名竹溪。里之望為羅氏，羅氏之秀有曰同倫，於竹尤篤，好作樓若干楹，而環植竹數千挺，歲久蕃盛，名其樓曰翠筠，表所樂也。因其族父翰林侍講汝敬求為之記。汝敬之言曰：「屬春景融霽，秋氣澄澈，八窗洞辟，天氣徐來，鬱乎如青雲，泛乎若蒼雪，俯而觀之，浩浩如翠濤搖盪於履舄之下；坐而聽之，邕邕如金石和鳴於幾席之外。至若涼月之夕，揚鳳羽之蹁躚；冰雪之晨，挺琅玕而獨秀，皆樓中佳趣也。閒暇而登焉，蓋使人襟抱清曠，萬慮不侵，超然如出人境，而立乎埃氛之表者。余曰：「信可樂也，而非有瀟灑離俗之資，亦惡足以語此樂」。

同倫其有離俗之資者哉！夫樓台廣榭，嘉木森布，葩花之爛然，香氣之芬馥，管弦歌舞，日相聚而歡宴淋漓，此豪侈者所尚而世俗之所趨也，其固自恃以樂矣。然往往朝榮而夕悴，不能少待於斯須之頃。其視斯樓，雖四時寒暑涼燠之不齊，而皆有以樂焉者，又豈獨清濁之相遠哉，同倫殆有異乎眾人之所尚者歟！

抑君子之尚於物也，有不在耳目之娛、意趣之適，而在於其德者。夫竹，中虛外直，剛而自遂，柔而不撓，有蕭散靜幽之

意，無華麗奇詭之觀。凌夏日以猶寒，傲嚴冬而愈勁，此其德，為君子之所尚，而同倫之志亦必在於此歟。

羅氏邑故家始自印岡，徙桃林，又自桃林徙竹溪。吾聞宋有號竹谷老人者，高尚絕俗之士也，子大經及其弟應雷，皆理宗朝進士。大經著書有《鶴林玉露》傳於世，文獻代有足征，要之，羅氏之尚乎？竹者遠矣。同倫，竹穀之九世孫，於鶴林為八世，其所尚殆有所自耶？故推本而為之記。（《東里集》文集卷一）

示鴟侄書

歲前兩得汝信，知吾家消息；又聞汝兄弟頻頻過家中照顧嬸病；足見親愛之厚，甚感甚感。只是稷子不才，不肯交好人，惟務外飾不學，陷為不肖子。汝與弼都無一語教戒之，此卻不見親厚之意。今後切望嚴督之為囑。聞汝父七月以來多病，今已向安，甚慰吾之懷想。汝兄弟善奉養，不可頻作非理之事，以激惱老懷。吾秋間必歸展省，今錄誥命先付汝觀之。

吾仕京師三十年，未嘗四首，敢萌一毫分外之心，為一毫分外之事，人所共知。汝兄弟豈有不知者？近年鄉里有一樣害民小人，為御史、布政司、按察司、府縣之官所治；又有一等貪利之人，假我之名為他解釋，稱是我親戚、是我學生之類，多者得數十兩，少者得十數兩。此樣人今有死者，亦有罷官，亦有尚在而不悛者。天地神明鑒臨在上，如此攫財，豈能長遠受用？今朝廷遣內官遣大臣來江西，專為掃除奸弊，以安良民。聖旨甚嚴，吾家當謹守法度，不可學俗人粗心大膽，仍前謁見上官，為人求解，以苟微利。切戒切戒！料爾兄弟平日所為，未必盡善，今幸

得免無事足矣，切不可聽人鼓誘，又去管事。雖至親有事，亦不可管。汝若不從吾言，必累身家，必累父母，為禍不輕，切戒切戒！我已有說矣，但有人假我名解事者，必奏知。汝兄弟切勿墮此陷穽也。吾為保宗族之故，特書此示汝，切不可示人也。（《東里集》續集卷五十一）

解縉三篇

代王國用論韓國公冤事狀

臣聞君親無將春秋誅意臣子，事嫌於不軌，固天下之所共誅、幽明之所同憤者也，然於事嫌不軌之中，辨析幾微之際，此禍機之所不測、骨肉之所難言者，惟明主能察焉。

竊見太師李善長，與陛下同一心出萬死以得天下，為勛臣第一。生封公，死封王，男尚公主，親戚皆被寵榮，此人臣之分極矣，志願亦已足矣，天下之富貴無以復加矣。若謂其自圖不軌，尚未可知；而今謂其欲佐胡惟庸者，揆之事理，大謬不然矣。人情之愛其子，必甚於愛其兄弟之子，安享萬全之富貴者，必不肯僥倖萬一之富貴，今善長於胡惟庸，則侄之親耳；於陛下，則子之親也。豈肯舍其子而從其侄哉？使善長佐胡惟庸，成事亦不過勛臣第一而已矣，太師國公封王而己矣，尚主納妃而已矣，豈復有加於今日之富貴者乎？且善長豈不知天命之不可幸求、取天下於百戰而艱危也哉？

當元之季，欲為此者何限？莫不身為齏粉，世絕宮汙，僅保首領者幾人，此善長之所熟見也。且人之年邁氣頹，精神意慮，鼓舞倦矣，偷安苟容，則善長有之。曾謂有血氣之強暴動惑其中

也，又其子事，陛下托骨肉至親，無纖芥之嫌，何得忽有深讎急變，大不得已之謀哉？凡為此者，必有深讎急變大不得已，而後父子之間，或至挾以求脫禍圖全耳，未有平安晏然都無形跡，而忽起此謀者也，此理之所必然也。若夫天象告變，大臣當災，則殺人以應天象，夫豈上天之所欲哉？不幸已失刑，而臣懇惻為明之，猶願陛下作戒於將來也，天下孰不曰功。

如李善長今尚如此，臣恐四方之解體也，且臣至疏賤，非不知言出而禍必隨之，然恥立於聖明之朝而無諫諍之士。始者側聽私室，引耳朝端，意謂群臣豈無忠智，左右近侍必有為陛下言者，公卿大臣必有為陛下言者，台諫御史必有為陛下言者；而事冤未已，群臣杜口，究無一人為陛下言者。臣所以忘其疏賤，冀陛下感悟，臣甘就鼎鑊，無所復恨矣。（《文毅集》卷一）

王孟揚太史《虛舟集》序

永樂初，勅修金匱石室之書，繼是復有《大典》之命，內外儒臣及四方韋布士集闕下者數千人，求其博洽幽明、洞貫古今、學博而思深如吾太史三山王君孟揚者，不一二見。孟揚之為人也，眼空四海，壁立千仞，視余子瑣瑣者不啻臥之地下。以是名雖日彰，謗亦隨之。余每擬薦以自代，不果。且孟揚視功名泊如，每有抗浮雲之志，期在息機，與物無競。故其集以「虛舟」名，亦可見其志焉。余第其人品，當在蘇長公之列，文之奇偉灝瀚亦相類；至於詩，則追逐漢唐，眉山見之，未必不擊節歎賞，思避灶而煬。此余之論孟揚者如是，他人未必知也。

孟揚在翰林越三年，不欲示其長於人，然一遇知己，與論古

今成敗，人物賢否，政事得失，治道升降，則目如曙光，辨如懸河，真若超千古而立於獨者，孟揚固不欲專以文名也。越石父有言：「士絀於不知己，而伸於知己。」余其有負於孟揚哉！予其有負於孟揚哉！

握手都門，出其集征余言，遂敬書以復之。（《文毅集》卷七）

觀瀾軒圖記

天下之美觀未有過於水者。江河之浸，溪澗之流，方其安行而無齟齬也，滔滔湧湧，貼然而莫測其際，恬然而莫知其所至，寂然而莫聞其鳴聲。及其風與之爭，而水石與之鬥也，則其聲發焉，如鼓雷霆、震天地。其勢必下而歸移於東。於此觀之，有似乎君子當無事之際，處常行之安便焉，或無甚異也。及其臨大節而不可奪，當死難而不苟免，鏗鏗炳烺震動天地，不二其操，與水之萬折必東何異哉！雖然，此第觀瀾之一端耳。若夫道體之妙，由其靜而有本，故能溥博而無窮。其往者過，非有所逐也；其來者續，非有所迫也。可以觀理之通而致誠之德焉。林平南有《觀瀾軒圖》一卷。為之記於左。（《文毅集》卷十）

金幼孜四篇

贈進士蕭迪哲序

予昔為博士弟子員，有蕭奇迪哲嘗從予遊，銳敏勤篤，刻志於學，蓋駸駸乎其未已也。及予來京師十有二年，忽聞迪哲領鄉書來南宮會試，予躍然以喜，曰：是必將取高第者也。其年春二

月，予受命典司文柄，不意迪哲竟遭黜落，遂入為國子監生。明年聖天子巡幸北京，又二年，適當賓興賢能之秋，天下之士來會試者凡三千餘人，而迪哲亦與計偕，予又躍然以喜，曰：「是行取科第也必矣。」及撤棘，中選者三百五十人，迪哲果占名第九。三月一日，上臨軒策試，予忝與讀卷，後三日臚傳，而迪哲又占名第二甲，賜進士出身。烏乎！迪哲亦可謂榮且盛矣。既釋褐，吏部請循例命諸進士試事於群有司，於是迪哲復得還南京。所與遊者皆賦詩為別，復求予言以自昂。

予謂國家之得人也為難，而用人也為尤難。得一才，必養之於十數年之久，而後可以達於用。及其用之也，又必歷試之，使其諳練於政事，而後授之以任，其養之也甚厚，其望之也甚至。士生斯世，遭遇聖明，感恩寵之隆，則所以上報國家而自待之重也為當何如哉！迪哲教教養之恩，發身於經術，其於修己治人之道講之有素，使其受一職以往夫豈不可，乃猶歷試之而不肯輕用焉，蓋將以擴其見聞，宏其智識，練達其才，而期之以遠大耳。吾冀迪哲之往，也尚益勵其志、敬其行、勤其職，致謹於戒慎恐懼之際，朝夕孳孳，以求無負於聖天子待遇之厚。異時出而黼黻鴻猷，輔成治化，建功立事，而垂聲光於久遠者，吾於迪哲有望焉，迪哲勉之。（《金文靖集》卷七）

百鳥圖記

百鳥圖者，宋宗室趙千里所畫，今長洲教諭周君岐鳳之所藏也。圖用絹素，從高不能逾咫，衡廣三尺，適與幾稱。

溪流淺渚，岸堤平曠，有古木數株，疎枝縞葉，颯然秋意。

修篁蒼蔚，莎草微茫。淡煙翠靄，與波光搖蕩，上下相映。若鷗鷺、鳧鳧、鴛鴦、鸂鶒、鷁鷖、鴻雁、鷓鴣、鸚鵡、王睢、鴝鵒、鶺鴒、鵪鶉、鶴鴒、鶬鶊、山雞、野雀之屬，不能悉數。仰而顧者，俯而視者，飛者，鳴者，行者棲者，飲而啄者，並而匹者，乘而居者，巨細不同，形狀各異。止於樹者五十有九，於竹者七，於棘者二，翔而未集者八，浮於波者六，游息於岸於洲者十有八。其羽毛爪嘴，自然之情態，纖悉不遺，巧奪天造。惟尺素之間而幽間平遠有以含不盡之景，而寓無窮之觀。吁，亦奇矣哉！而趙公之構思匠意，經營摹狀，良亦勞矣。蓋畫非難也，工為難；工非難也，得其趣為難。且禽鳥有形之物，最難似真。今此圖匪惟能工而似真，又兼得物之趣焉，宜乎世之人寶而傳之，不啻珙璧之難得也。

雖然，畫一藝耳，能造其妙而使人愛慕寶藏至於如此，況於學聖賢之道而造其極者乎？毋惑乎世之人爭慕而親愛之不釋也。周君早以經術發身，有聲於時，今雖以教職自任，恐枳棘不足以棲朝陽之羽，行將和鳴於霄漢之上矣。昔人謂嘲啾百鳥中，忽見孤，「鳳政」謂此也。此意恐非畫者所能喻也，姑為記之。（《金文靖集》卷八）

送王彥修僉憲四川序

國朝方面之職，有藩閫以涖民政，有帥府以總軍務，而又設按察使以臨之。蓋其職專任風紀，激濁揚清，廉問得失，詢察民隱，凡一道之利病，無不得言之。其為任甚重也。皇上繼承大統，宵旰圖治，簡拔賢士，而於風憲之職，尤慎擇其人。蓋以其

為朝廷耳目之司、生民休戚之所係，非有清廉孤直之操、疏通練達之才，不足以處之。永樂十二年冬十有二月，友人王君彥修以工科右給事擢四川按察司僉事，將行，凡所與遊者，皆相率賦詩以餞之，而俾予言弁諸首簡。

彥修由科目發身，列職禁近，日侍聖天子左右，閱歷庶務幾十餘年，習之久而聞之熟，一旦祗承寵命，任臬司之寄，其所以發於政而施於事者，譬猶駕輕車而馳康莊，吾固知其易易耳。

雖然，按察之任，非他職可比，苟非其人，不失之疲懦，則流於寬縱；不失之矯激，則過於苛察，如是而能稱其職者蓋鮮矣。彥修之往也，毋訐訐以為能，毋察察以為明；必曰冤滯之未伸，吾思所以平之；奸蠹之未清，吾思所以去之；風俗之未一，吾思所以齊之；民生之未遂，吾思所以蘇之；吏治之未舉，吾思所以糾之。揚憲軌而樹風聲，秉廉介而勵冰蘗，使人望而畏之，如烈日秋霜，孰敢易視而輕犯之哉？嗟夫，君子之仕也，非其位則不得於言，得其位或不足於言，皆世之所病也。彥修得言之位，當言之路，所以濟時行道以上報國家者，政在於斯；苟為得其位而有所不言，言之而有所不行，行之而害於政，病於民，此非予之所敢望於彥修也。彥修尚勉乎哉！（《金文靖集》卷七）

恭題仁廟御書後

仁宗皇帝居東宮時，尤重文學侍從之臣。凡賜賚泊有所陳請，必親為題識。當時被其眷禮者不數人，今有春坊庶子兼翰林侍讀學士王直，其一也。直永初科進士，由庶起士擢翰林修撰。器識文學，早已受知。前後膺賜者三，陳請者一，皆仁廟親御宸

翰題識批答者。首則端午賜扇，次則以直目疾賜藥，次則直遭喪將歸，賜白金為道里費。又其一，則直以父在職年老乞致仕、特敕吏部准所請，其上皆著直姓名，可謂極一時之顯者矣。直謹裝潢為卷，用彰寵貺，以貽不朽，俾幼孜識之。

伏惟永樂中太宗皇帝屢巡幸北京，仁廟實監國事，親賢納善，惟日不足，仁聲義聞，播於四海，凡直之得拜賜予者，皆優禮賢士之盛典，非私之也。其允答陳請者，亦事理之當然，非過也。夫賜隆於上而報勤於下者，此古昔盛時君臣相與至意，所以治化彰明、休聞彌流，而功業宏遠也。今觀仁廟之眷禮於臣下者既隆且厚，而直之圖報於上者益勤以忠，則上下之情交孚葉契，可謂至矣。然則是卷之藏固將以貽永久，又豈圖一時之榮而已哉？幼孜拜觀於斯，不勝感激，謹書此於後，以識歲月云。（《金文靖集》卷十）

王直四篇

李氏《牧牛圖》序

牧牛圖一幅，京口張永所畫，刑部郎中李君文定所藏也。

牛，涉者一，臥者三，顧其子若相與者一，吃者二，俯首而受跨者一，喜而相嗅，嗅而仰視者二，大小凡一十頭。其色同，其自適之性亦同。

牧，有行而牽者，有立牛背而涉者，有荷笠而跨者、有跨而吹笛者，有藉蓑棄笠相與博戲者，有籠禽者，有據牛首而欲升其脊者，凡八人。其衣服不同，而其悠然自得之趣蓋無不同也。甚矣哉其善畫也。

夫當風日和煦之時，而自放於山澤之間，睹花卉之芬芳，逐魚鳥之翔詠，人與畜皆樂也。非萬物各得其所之謂哉！然從而思之，凡為守令牧民者，有不當如是乎？因其所利而利之，使自力於畎畝而保其妻子，饑而食，寒而衣，出入作息，順其自然之節而無有戕害者焉，則為之牧者亦各從容以嬉，而相安於無事，如此圖之所畫者，豈不善哉？奈何善牧者之不多見也！

李君之蓄此圖，其將玩物以適情也乎？其亦興念而至於此也乎？若將玩物以適情也，則世之所畫奇物異卉可以娛悅耳目、蕩惑心志者尚多，奚必此哉！若其興念而至此，則他日典大藩守名郡民庶乎其有賴矣。故予序其上，而致予意焉。（《抑庵文集》後集卷十七）

湘江雨意圖詩序

錢塘戴文進，雅好竹，嘗於竹間作室以居，自謂不可一日無也。及來北京，而土不宜竹，居閒處獨，蓋未能忘於心。其友夏仲昭輩欲娛適其意，為作三圖，長皆逾二尺，而蒼然玉立，隱見於煙雨空濛之中，有瀟湘千里之勢焉，名之曰「湘江雨意」。文進甚喜，曰：「凡吾之托好於竹者，欲適意焉耳，今得此意，亦適矣，何必眷眷於舊哉？」少保黃公為之記，士大夫多為賦，詩文進持，以求予序。

予與文進同其好者也。予家泰和城西，溪上舊有竹萬竿。先大父作亭處其中，當時名公歌詠之，歲久蕪廢，近稍修復，舊觀鬱然可樂也，而予乃竊祿京師，不得以歲月處焉。其往來於懷，蓋亦與文進同也。今年於私第作小軒，名之曰「水竹居」，求仲

昭作巨幅置壁間，公事之暇，飲食起處，必於是，宛然故園風致也。茲復於文進見之，然則使予二人居京師而兼有林泉之適者，非仲昭之力歟？雖然，古人之托意於物者，冀有益於己也，故君子於竹，疑德焉，以其清虛勁直可尚已，能取諸物以求益，雖似猶真也。不然，雖真奚適哉！故予於仲昭之畫，蓋以為德之勵，而不敢忽焉，文進與予同其好，亦必與予同此心者矣，故為序其詩而相與道之。（《抑庵文集》卷六）

示秬子文

予來北京十五年，仲子秬來侍亦三年。今將歸，自念已及六十，而衰病相尋若七八十者，其能久生與否，不可必也。有所欲言，尚可忍邪！故為爾秬言之：

始予四歲已失怙，年才八歲，則父以事去；所倚賴者，祖母耳。當時非無內外親其教育我，使不失《詩》、《書》故業，則舅氏歐陽先生之德，予不敢忘也。今幸居官食祿，然才薄能鮮，無以報上恩，恒懼福過災生，貽辱父母，累爾兄弟，故謹守禮法，不敢放肆。爾兄弟亦當勉於為善，庶相資以久。凡人之所以異於禽獸者，以其有人倫也。君臣、父子、夫婦、長幼、朋友，當各盡其道，而每加厚焉。然夫婦乃人倫之首，其尤厚可知，若事官府而恭謹，處族姻而敬愛，待鄉黨而和睦，皆人道之宜，爾能盡其道，則無愧於為人，而欲盡其道，則當以讀書為本也。兄弟者，同氣至親，如手如足，華鄂之詩反覆乎？天理人情之極，爾輩蓋嘗誦之。而世之人多以妻子之私、財利之末，失兄弟之義，忘恭愛之心，遂至相視如途人。爾兄弟當師古聖賢，勿以流

俗小人自待也。

予少甚貧，備嘗艱苦，以今視昔，所勝多矣。恆產雖不可無，然須得之以義。勿虛價，毋抑求，毋妄取，則人不怨，吾亦可以長守。而其所最急者，在親君子、遠小人。蓋親君子則能進於善，遠小人則不流於惡。以勤儉治生，以忠厚養德，守祖宗墳墓，食田園薄利，勿怠惰以廢業，勿酣酗以生禍。文章書法，以秦漢魏晉唐人為師。學行有成，能自立於士大夫之間，鄉黨以善人目之，斯足以無忝於前人。予若即死，無憾矣。

爾歸，與爾兄弟觀之而共勉焉，而又以教爾子。若以予言為迂而棄之，則爾兄弟之孝道虧矣。其勉之哉！慎之哉！（《抑庵文集》後集卷三十四）

跋香山九老圖

唐白樂天香山九老會，見慕於世久矣，豈謂山水之華燕遊之適哉？君子之仕以行道也，而行道本於身，既老且衰，猶謂足以行道而不謬，蓋難矣。於是奉身而退，與故人賓客杖屨消搖觴詠以為樂。安止足之分，遠忝竊之譏。高風雅度，超軼絕塵。且其所尚，以齒不以官，則又異乎齷齪之徒拘拘於外物以自高者。於乎，斯誠所謂樂天者歟！當是時，裴晉公亦退居於洛，開綠野堂，與樂天輩娛意詩酒之間。晉公用舍，係朝廷輕重，然亦以年至而去，則非晉公比者可知。君子之進退，亦審於義而已矣。

蘇州同知邵侯信之持此卷求予題，展玩數四，為之慨然。（《抑庵文集》後集卷三十六）

胡儼一篇

述志賦

嗟予生之忽忽兮，儵侵尋以就衰。老冉冉其將至兮，素髮颯以垂絲。遵先人之遺則兮，恒兢兢以自持。顧予力之不足兮，徒念茲而在茲。慨前修之日遠兮，惟古訓之是求。呻占畢於朝夕兮，又懼夫輪扁之見。咻肆超遙於策府兮，恣遠覽而旁搜。日遑遑而不逮兮，心切切而怛憂。道愈遠而莫反兮，策跋牂於梁輈津。浩浩而弗濟兮，渺傾波於洪流。予既望洋而趑趄兮，退卻步而返顧。恐佳期之遲暮兮，羌回車以復路。恥沒世而名不稱兮，漫馳騁於空言。苟餘情其信美兮，何雕蟲之刻鐫。掃枝葉與葩華兮，求根柢於本原。彼源泉之混混兮，曾不舍夫逝川。魚淵泳而鳶天飛兮，夫孰使之然。睹豁然而呈露兮，披雲霧於青天。反諸躬而欣欣兮，抑非言之可宣。苟日新而弗已兮，亶澡雪而潔鮮。日惴惴如臨深兮，匪一息之可捐。竊獨處而韜匿兮，愧闇然而日章。顧虛薄之淺尠兮，孤眾人之所望。惟黽俛以從事兮，曾何有於寸長。日居月諸兮，孰悲予視之茫茫。歌《伐檀》以內疚兮，知素湌之無補。閔予心之日負兮，守一室於環堵。對庭槐以延佇兮，聊逍遙而容與。（《頤庵文選》卷上）

梁潛三篇

劉仁軌

少府監裴舒為唐高宗造鏡，殿上與太子太傅劉仁軌觀之，仁軌驚趨下殿走上問其故，曰：「天無二日，民無二王，適見壁間

有數天子不祥，孰甚焉。」上遽令剔去。

愚意仁軌此言未當也。夫人臣之戒君，或婉其辭而意有所在，孔子所謂巽言之者也；或峻其辭而無所，孔子所謂法言之者也。仁軌此言，其法言之耶？其巽言之耶夫？曰：「壁間有數天子不祥孰甚焉者。」有似乎巽言之矣。

高宗嗣守天位。而武后制其政柄。是武后亦一天子矣。李義府恣意慘酷，天下之人知畏李貓，而不知有朝廷，是義府又一天子矣。至於武三思為周公威福之柄，又窺取之焉，則三思又一天子矣。政出多門，不祥孰甚，而仁軌此言非此意，而高宗亦不此悟也。然則，既不為巽言，曷不為直言也哉？納約自牖，因其明而投之，仁軌此時宜進言曰：「以銅為鏡，不若以古為鏡，以古為鏡，不若以賢為鏡。書云：『人無於水鑒，當於人鑒。』詩曰：『殷鑒不遠。在夏後之世。』隋之煬帝，淫刑黷武，沉湎冒色，忠言不用，小人朋進，盜賊旁午，自度不免，乃持鏡照曰：『好頭頸，不知為何人持去？』此煬帝以銅為鑒，而不以古為鑒也。太宗皇帝艱難以定天下，身致太平，樂聞直諫，好用善謀，皇后順正，不預外事。常曰：『以銅為鏡，可正衣冠；以人為鏡，可知得失，此太宗以人為鏡，』不以銅為鏡也。陛下誠能以煬帝為戒，乙太宗為法，則社稷之福，生民之幸矣。且殿廷之上，豈照鏡之所？奸邪之情豈懸鏡可得？陛下以心為鏡，勿昏以欲，勿蔽以私，湛然虛明，可照萬事。臣伏願陛下，曷去彼而取此哉！」不知出此乃以鏡之影為不祥，謬矣！（《泊庵集》卷二）

跋西園翁傳

西園翁居城西，予家又在其西，柳溪之側，有畦數畝，松竹雲霞，渺然如岩穀之幽，此先君畦樂。公所以朝夕吟哦，放情其中者也。

翁之園，廣不盈畝，跨於通衢，種蔬藝藥，其香鬱然。行者嘗側足而望，其園中蓋其所適，殆與先君同然也。先君喜飲，翁亦以酒自縱，故二人者常相往來，草蹊苔徑，見屐齒之跡累累然者，非翁即先君也。翁今雖已老，猶痛飲豪謔如方壯時，獨先君不作矣，悲夫！

翁之學最篤，往年受經於三華蕭先生之門，其時予為童子，尚未知學也，翁以其學教於鄉者幾三十年。而予仕于時，周行天下列官於朝者，亦十有五年矣。追念往事，恍如昔者，忽得亡友楊之宜所為《翁傳》讀之，益有感焉。因書以識其後，蓋距之宜之歿又一年矣！（《泊庵集》卷十六）

秋江送別圖序

余友劉添元自弱冠游燕趙，縱觀都邑之巨麗。暨壯東遊洛陽，北逾河西，入潼關，度太行、盤穀，厤覽山川之勝，人物之盛，風土之異，宜習俗之美惡，以至於草木鳥獸、昆蟲魚鱉，凡百寶玩怪奇與夫平昔之所未嘗見聞者。嘗夜剪燭並坐，語刺刺不休。余雖未及遨遊四方因添元之言，恍然若親歷之也。前年入長沙，去年遊京師，今年秋復有長沙之行其同里蕭仕信為繪《秋江送別圖》而屬余序焉。

余睹夫漳江水冷，下見沙石，漁歌中流，鴻飛數點。當此之

時，能不愴焉於懷者幾希。而添元方油然駕扁舟，攘臂江風，帆如奔馬，欣欣然曾何別離之想？蓋由其平昔往來之熟，胸次軒豁，襟懷倜儻，以四海為鄉邑，舟楫為室廬，雖千里猶庭除也。向使添元拘拘於一邑之內，一丘壑之間，固有不堪其縶縛者，而何能如是？古人有以不讀書萬卷，不行地千里為歉，若添元之見聞識趣，豈特行地千里而已哉！慶守郭先生，職教江陽，鄉之先達也。添元往見焉，其告之曰：「昔張翰居江東，見秋風起而有思歸之歎。今余於秋江之上，而有遠遊之樂。所遭或異，人情則同。先生其謂何如？」（《泊庵集》卷五）

李時勉兩篇

臨清亭記

　　文江陳國器其所居在邑之北，距其居之前若干步，有池方廣，凡數十百尺，泉出其間，冬春常盈而不縮，泓澄鏡澈，可濯可鑒，其流不窮，可以灌注畎畝，而達於海，比之朝盈夕涸，而不可以瀦匯以利物者，蓋亦異矣，國器於是而作。

　　亭於其上，而闌檻其四周。高敞洞豁，凡魚鱉蝦蟹之游泳，菱荷芙蕖之芬敷，沙禽水鳥之飛鳴上下，與夫波光日色，晴煙曉霧之晦明舒斂，皆在乎幾席之下，而平林茂樹，遙山翠黛，誇奇獻秀於池之外者，一舉目而兼得之。每賓客往來，輒相與登臨，以縱遊觀之美，引觴共酌，鳴琴賦詩，歌吟笑詠，囂雜不至，而塵俗自遠其樂為何如也。於是名其亭曰「臨清」。

　　國器來京師，因中書 人劉君求予記。予聞國器與其兄叔甯皆倜儻奇俊，友愛之情甚篤，家固饒財，讀書而好文，喜交遊，

士大夫鄉里咸稱譽之。嘗構堂以養其母，曰春暉。而又有華萼樓，以為兄弟燕息之所，其以餘力復治斯亭，於以暢幽懷而娛賓客，國器果賢矣乎？吾嘗觀於人，父子兄弟之間，至於居處衣食之微或不相恤，而乃多飾亭館，以為外賓賞玩之資，豈不悖哉？使聞國器之風，能不愧歟？雖然地以人而勝，昔羲之於蘭亭，柳子厚之於愚溪，特一時遊息之寓焉，耳猶名傳至今。況陳氏世居於此，國器兄弟又以孝友之行著稱於時，而詒謀之有道，使其後之人守之而弗替，則池亭之勝將相傳於無窮，豈若蘭亭、愚溪勝於一時，獨名存而已哉？（《古廉文集》卷三）

送方伯張公赴江西序

皇上自即位以來，孜孜於求賢命官以圖至治，而於方面大臣尤加之意焉。雖簡在聖心，又必參之，以在廷重臣之所舉，選不輕授也。

公自御史超拜方伯，人皆以為宜。由其才德足以稱之也。然而方伯大任布宣恩德，號令之出，政化之施，斟酌損益，必適其宜，如是而後可以無愧於其任。故予於公特有告焉。方伯總治於外，郡守縣令望之以為表率，四郊之民仰之以為父母，今一方面之間，環千里而為郡者不知其幾所，環百里而為縣者不知其幾區，自守令而下，任牧民之責者不知其幾人有賢而善，為政不肖而怠於事者，有廉而惠於民，貪而毒於下者，欲考察於平時，而激揚於一旦，則為力勞而不勝其擾矣。若夫不假於稱賞譽賚，彼賢而廉者自知所勸，不勞於搏擊黜罰，彼貪而不肖者，自知所懲而皆為良有司，是必有其道也。窮鄉下邑，鰥寡流冗，不得遂其

生者，不可勝數。而郡邑之間，獷驁兇悍，不事生業者，不可盡紀，有饑寒困苦望救於上，而流離顛沛失其所者，有把握官府以濟其奸，而豪橫鄉曲以肆其毒者，欲人人而濟之，一一而制之，則為力煩而不勝其難矣。若夫不假於勞來撫摩，彼窮人自得其養，不勞於榜笞桎梏；彼惡人自向於化，而皆為良民，亦必有其術也。孔子曰：「其身正，不令而行；」又曰「德之流行，速於置郵而傳命。」仁人。君子之為政類如此。公學廣而明於理，才高而練於事，剛正而簡靜，有守而有為，其致此不難。予故為公一言焉。公行矣，方伯毗陵吳公，予故人也，聽政之暇，其亦以是告之，將必有契焉。（《古廉文集》卷五）

羅玘七篇

寄西涯先生書

生違教下，屢更變故，雖嘗貢書，然不敢頻頻者，恐彼此無益也。今則天下皆知忠赤竭矣，大事亦無所措手矣，《易》曰「不俟終日」，此言非歟？彼朝夕獻諂以為當依依者，皆為其身謀也。不知乃公身集百詬，百歲之後，史冊書之，萬世傳之，不知此 亦能救之乎？白首老生，受恩居多，致有今日，然病亦垂死，此而不言，誰復言之！伏望痛割舊志，勇而從之。不然，請先削生門牆之籍，然後公言於眾，大加誅伐，以彰叛恩者之罪，生亦甘焉。生蓄誠積直有日矣，臨緘不覺狂悖幹冒之至。（《圭峰集》卷二十一）

奏議

　　為宗社大計事：臣少實迂愚，漫不諳事，壯而登仕，其愚如初。今已老矣，自分與愚，終焉而已矣。思天下聰明才辯之士何可勝數，而或沉？膕下，或困滯下僚，或不沾一命者，在在有之。顧臣之愚，乃獲竊祿先朝，備員侍從；又於陛下登極改元之初，自翰林侍讀超升南京太常寺少卿，僅逾二年，起升本寺卿，又踰年，轉南京吏部右侍郎。臣又思前之任翰林者，雖文華卓越十倍於臣，而猶循資歷格，進寸退尺，有白首終身汨沒者。臣獨何人，六年之間，驟進如此！謂非陛下天地曠蕩之恩可乎？臣又思，感恩之極，人雖至愚，苟有一得之見，自畏一身之死，懷而不為明主吐之，及至老衰病篤，而畢竟以死。是畏死而不免於死，徒感恩而不知報其恩，其果得為忠乎？又果得為智乎？使死而有知也，甯不悔於地下乎？

　　且臣之所謂一得之見，非指四方盜賊眾人目前所謂急者也，亦非隱微而潛伏也，左右大臣所共知也，百司庶尹言官所共知也，閭閻小人、外至荒服夷狄所共知也。或畏死而不敢以言，或以非其職而不得以言，或卑且遠而不獲以言，或懷祿保位而不肯以言，甚或乘隙市奸以媒非常之貴富，而幸人之不言為已地者焉，斯亦可為寒心也哉！何也？

　　陛下受太祖太宗列聖之付託以天下，六年有奇於茲矣，而地久天長，萬壽無疆固將自此始也，然亦必如祖宗有所付託如陛下，陛下乃無負祖宗所付託也。不知陛下今之將所付託者何在耶？……臣言至此，惟知宗社，不恤其它，故不文，不文故不諱，不諱故傷觸權奸多，傷觸多故中傷啗致罪辟以至於死，臣亦

甘心，分內事也。臣瞻望闕廷，不勝激切屛營之至。為此，具本專差義男某齎捧謹具奏聞（《圭峰集》卷二十三）

西溪漁樂說

漁與樵牧耕，均以業為食者也。其食之隆殺，惟視其身之勤惰，亦無以異也。然天下有傭樵有傭牧有傭耕，而獨無傭漁。惟其無傭於人，則可以自有其身。作，吾作也；息吾息也；飲吾飲；而食吾食也。不亦樂乎！蓋樂生於自有其身故也，若夫傭則身非其身矣。吾休矣，人曰「作之」，吾作矣，人曰「休之」，不敢不聽命焉。雖有甘食美飲，又焉足樂乎！

豈惟傭哉！食人之祿，猶傭也。故夫擇業莫若漁，漁誠足樂也。而前世淡薄之士托而逃焉者，亦往往於漁。舜於雷澤，尚父於渭濱，然皆為世而起，從其大也，而樂不終。至於終其身樂之不厭，且以殉者，古今一人而已，嚴陵是也。

義興吳心遠先生漁於西溪，亦樂之老已矣，無它心也。寧庵編修請曰：「仲父得無踵嚴之為乎？」先生曰：「吾何敢望古人哉！顧吾鄉鄰之漁於利者樂方酣，吾愚不能效也，聊以是相配然耳。」有聞而善之為之說其事以傳者，羅玘也，南城人。（《圭峰集》卷二十二）

嚴子陵祠堂碑

先生之生也，富春山一釣翁耳。既歿之後，遂姓其灘為嚴灘，瀨為嚴瀨，至於職方所統也，亦名先生之姓，曰「嚴州」焉。夫自有郡縣來，已有此州，其生人也不可以稊米計，賢人君

子豪傑之士著聲於世後先，亦多矣，而皆無敢睥睨甘心曰吾嚴人也。凡天下之人聞是州之名，不知其自於先生與聞，先生而不知其寓於是州，亦愚夫而已矣。今夫倡優之劇、里巷樵牧之歌至陋也，而其羊裘釣台，侈為盛美。嗚呼！先生何以得此哉？當漢之衰，新莽之餌，其甘如飴，不拜揖於歆雄之列者，中人可勉為之，未足高先生也。及真主出略其勢位，以故人物色之躡屨而來，蕭然野意而故態即發，心有水濱之寂寞而無大內之深嚴，區區之榮利，鷗耶鷺耶而已矣。（《圭峰集》卷十三）

雜說贈吳獻臣宰順德

鵲之鳴也福來，烏之鳴也禍至，未必然也。人之信之，有不好鵲而惡烏者乎？直之言也興邦，諛之言也喪邦，必然也。人之聽之，有不惡直而好諛者乎？嗚呼！禍福之未必然者則泥之；興喪之必然者則忽之，惑之甚也。（《圭峰集》卷二十二）

送蘇君江西提學序

江西頃數歲，不知何忽異也，嗒焉損其聲稱十六七。天下之人，雖陰自數之，與他方匹指將屈，亦必復伸，畢竟曰不如也，乃止焉。雖然，自吾視之，亦以為不如也，然吾亦有見焉。巴蜀亦南方地也，其去中國獨遠，其附於中國獨後，而其顯也，獨先江西於中國，視蜀為最近。當蜀顯之時，不聞有江西，然而不以其不聞而遂害夫後世之顯者。蓋山川之氣，孕靈毓秀，厚蓄以有待也。後閩亦文學崛起，嶺南一旦以相業鳴日。南極海徼也，亦有以相名者，而江西尚前日之昧昧而已矣。雖曰天其相之，蓄而

有待，而亦誰其信之？

　　及歐陽公出，以古文為世宗師；文信公之忠在萬世則，夫世之能事，孰有大於此者？而其人所在之地，烏得而不重且顯也哉！又況文章節義，一時淵焉林焉於此，天下又得以其顯之先者傲江西乎？亦其發之遲也，固有大而盛且久者存焉耳，此理之常也。故我永樂、宣德之間，猶彬彬號江南鄒魯。

　　太平之休，不無有助，是時不獨吾江西之士自以為差強於天下，而天下之人亦必自以為不如也。若夫今則大異矣。而吾之出而仕者亦既陰察而寙之，蚤夜恐恐焉以自退，而其岸岸焉游於學者，殆必不聞不寙也，能不冒其昔之聲稱以嬉以傲天下乎？正自損耳，吾懼焉。幸吾友太史蘇君往督學，轉移覺寙之機又在君也。君去，吾於此而謹竢之有來謂吾士也。今蠡然若追奔焉，以成仁取義為的求，至之而又痛自磨洗，毋為鉤棘軋茁逐時之好以射進，則如歐、文二公者，且將復出君門下矣。江西聲稱之損，其將不自君之張之而復振乎？館閣諸賢皆以是望君，賦詩為別，吾又望之切者也，又特為序。（《圭峰集》卷五）

送賈生歸山東序

　　壬子暮春中吉，有偉一生，欵門願逞其藝。其入空娬娬，疾風掠耳，驚電耀目，兵貴銳，先以矟，隨以劍也。其飛塵走石，怒猊突地，文虯過澗；兵貴堅，繼以刀夾盾也。其輕車走阪，鐵騎渡冰；兵有鈍擊利，奇以殳也。已乃屏五兵，戡氣挺身，赤手渾脫，遊絲牽蜂，飛炮下石，顛倒辟易，駛奔鳥厲，蓋兵外之用也。

奇之奇也，以徒搏終焉。畢則出，整冠裳趨入，長揖而告曰：「盈，山東武定賈氏子也。世隸校尉蹕籍，童習是藝，壯游吳楚諸州，遇敵角累百，然皆逐北披靡，雖然，敢任匹夫之勇之豪也。日既壯，退然羞前之為，恐終泯泯墮於無聞。幸哀惻之賜硯池之餘滴，則茲之覿，實沒齒之寵光，余既壯，其藝，又督其辭，因歎世之食於武事者，恬恬嬉嬉，美食安坐，酣歌淫佚，何所不至。歲月藝場之試，殆兒戲耳。一旦有警，神飛股栗，遁逃無地，亦賈生之戮民也。況生喜文辭，自言為商文公諸孫所器，出其囊，徐察院之文在焉，與之言，用旌其志。（《圭峰集》卷九）

何喬新兩篇

和歸去來辭送李先生

歸去來兮，倦遊廿載今始歸。幸夙心之既遂，胡喜極而更悲。設供帳於都門，紛冠蓋其予追。望層峰於雲際，疑家山而猶非。僕夫歌以促駕，稚子笑而牽衣。問歸路以猶緬，悵屢歌乎式微。

故廬在望，歸心欲奔。白雲承宇，蒼松蔭門，石徑未荒，岫幌猶存。良朋在座，新醪滿尊。道故舊以共醉，春風盎其在顏。喜菟裘之已營，知蝸室之足安。葺芳杜以成帷，攬碧蘿以為關，臨瀘水以洗耳，登書台以遐觀。鴻冥冥以高舉，雲冉冉以孤還。歲婉晚其將暮，攀桂枝而盤桓。

歸去來兮，訪昔日之釣遊。浮世憺其相忘，外物廓乎無求？蔭茂樹以自適，玩遺經以忘憂。田翁告予以有年，黍稷藹其盈

疇。或山而屐，或水而舟。緝遊儵兮碧澗，擷芳實兮椒邱。招白雲於遠岫，弄明月於清流。念歸老於田園，信造化之余休。

已矣乎！出處進退信有時，彼懷祿而干進留，老將至矣竟安之。襲高風於表聖，踐芳躅於榮期。或乘月以長嘯，或迎春以載耔。歌白駒之雅調，和招隱之新詩。功成而身退，超然物表夫何疑。（《椒邱文集》卷十五）

石鐘山賦

彭蠡之口有石鐘山焉，蘇文忠公辨之詳矣。士大夫喜幽尋而樂勝選者，莫不遊焉。景泰六年春三月，予與今夏官郎中王君尚忠俱以進士奉使江南，尚忠家湖口，邀予艤舟絕壁之下，以訪其所以謂石鐘者。水石相激，響若洪鐘，始信昔賢之言不誣也。因為賦之。後十有二年，尚忠出示舊稿，俾重書之。因歎予學之不進，而悼勝遊之難再也，乃刪其辭以歸之云。

乙亥之歲，暮春之夕，予與王子泛舟澄湖艤於絕壁，援危藤，登懸崖，以訪昔賢之遺跡。於時天和氣清，江空月明，魚龍咸伏，波濤不驚，縱予目以遐覽，舒懷古之幽情。但見怪石嵯峨嶵巆，嵬碨崢嶸，奇形異狀，不可殫名。或如鳳如螭，欲蟠欲飛，或如鬼如獸，將行將驟。岩崿靈霤，拂藍撲黛，穴罅豈欲雲歘雷。異哉石乎！蓋造物者之所胚胎也。俄而微雲生於廬阜，長風來乎太空。驅濤擁瀨，吼鯨躍龍。爰有洪聲，發於水中，殷殷喤喤，如遊舜庭。而聽鏞鐘之撞，鏘鏘鍧鍧，如入周廟，而聞無射之聲。填兮若雷，颯兮若雨，又如郤至使楚，而金奏作於下。

予乃恍然而驚，悄然而思，問王子曰：「是何聲耶？豈靈鼉

奮首而三山頹耶？抑海若驚起而號風雷耶？無乃共工氏觸不周而天柱摧耶？胡為乎有是聲也？」王子笑曰：「子不知耶？是所謂石鐘者也。昔者酈元言之而不詳，李渤訪之而失實，東坡居士泛舟江上以求之，而後眾論定於一也。」予曰：「石之為物，塊乎其形，未與水遇，不聞其鳴；水之為物，湛乎其清。未與石鬥，若嘗有聲。彼涵乎清越，坎鐋鏜之音，果出於水耶，亦出於石耶？」王子曰：「不然，夫水之性動，石之性靜，動靜相摩，厥聲以應；水之質柔，石之質剛，柔剛相蕩，厥聲以彰。是非水之聲也，亦非石之聲也。水石相搏而聲出焉，此石鐘之所以名也。夫峭壁岩岩，鐘之銑角也；懸蘿嫋嫋，鐘之旋蟲也；丹崖翠壑，鐘之簨簴也；驚濤駭浪，鐘之撞杵也。是鐘也，蓋天地為爐，萬物為銅。陰陽為炭，造化為工。齊侯不得銘其績，而禼氏無所與其功也。嗟夫！洪水橫流，巨浸稽天。象罔出而侮人，螭蜃過而垂涎。民其魚矣，尚何鐘之聽焉。今吾與子脫介鱗而弁冠，去沮洳而宮室，泛蘭舟以遨遊，聽水樂以自適。揆厥所元，伊誰之力耶？於是相與徜徉眺望，諮嗟感激。已而雲消風止，浪平響息。水天相映，瑩然澄碧，返而登舟，呼酒相酢，乃鼓枻而歌曰：「駕吾舟兮泛長江，馮夷起舞兮酌我以羽觴。侑以嘉樂兮鼓鐘喤喤，慨念上古時濁流湯湯。孰致平成兮孰理懷襄，願銘此鐘兮紀神功，千秋萬歲兮永不忘！（《椒邱文集》卷十五）

夏良勝一篇

告亡妻遷柩文

嗚呼！吾妻事吾十有八年，棐忱救愆，情誼種種，吾何能以言。隨吾來官，違爾母，遠爾兄弟，挈爾女，去家又幾萬里，冀康於祉，以沒吾齒，以吾積咎，為天所棄，禍爾女，爾慟無已。爾婦人也，兒女之情，吾不能迪爾，以理爾竟坐是，亦大病矣。吾何歸怨，降割在帝，若茲其淫與熾。

嗚呼！旅魂搖搖，歸路且遼。吾羈於官，尚未能歸爾於故山之腰。爾柩在僑，吾豈忍薄而真於茲之沈漻，但喪事即遠，有進無退。吾於父母，已奄然就竁，獨於爾焉泥人，將謂吾情莫之制，而為禮之贅於是訊於友朋，斷於衷臆，遷爾於郊，且以示吾歸爾之志。一函骨月，寒則漸燼爾靈英英默相左右，則固吾之嬪也，吾豈忍義忘情於爾也耶？穸然一室爾柩所存先列一具為塗安人。安人之夫，吾同鄉也，同官也，有兄弟之義。爾與安人亦兄弟也。情之同死，亦生也。爾其安之，而精爽惟吾之依。近有家音，吾兄爾弟，俱云來斯兄來為吾弟，果為誰？欲輔爾棺，而吾偕以歸，此情此誼，庶或無違。而異時同穴，可質以稽。嗚呼！吾豈忍義忘情於爾也耶？權以宜時，禮必以義，遣奠未可以先期，又無未葬而虞之儀。爾儒家女，又吾之妻，生之習染，死尚何疑，母謂幽明，各秉一機，布此制言，爾必鑒知。（《東洲初稿》卷五）

羅洪先四篇

《水厓集》序

自聖人之道不明，學者往往溺於神仙之說，大要握固守氣，可以遺世而久視，故貪生與廢務者必趨之。彼方守氣，其於向人出一語，已為損漏，矧肯與世酬應，役役文字間哉！惟呂純陽、白海瓊則各多所著述，然皆縱逸不範法度，又出入變幻於怪異之事，不過偶以自適，而溺者傳焉。如以質於聖人之道同不同，奚足辨也？然聞其說而不動於心者甚鮮，彼蓋確乎有遺而此失所主，吾嘗即是以測人之淺深，未有不驗者也。

弘治間京師多傳尹蓬頭。尹善絕粒，每食輒又數升。不畏寒暑，或雜乞丐宿閭閻下，人無異者。而士大夫爭邀致之不去；顧時時假館於水厓彭公。公是時為南京刑部，尹來必索食，食已，相對危坐。間出幻術相調，復試以隱語。後公出守兗州，尹涕泣別去。於是人皆疑公得仙。比為布政使去位，無以為家。年八十餘，氣甚壯盛，日飲水數碗，人益疑之。余往見公，公好議論，張髯傲視，語琅琅終日不休。公既卒，讀所遺詩文數百首，皆據理道，關風俗，其意欲追作者之軌度，是豈有所溺者哉？當公守官時，侃侃持法律，多忤人，人遂以是尼之。故其官止於方伯，不大顯，而公於去就無少 。尹之戀戀，蓋知其中有所主，而世之視公者，真若羽化獨立，無復塵埃垢穢之跡，然公固不以是自多也。

餘獨悲世之溺仙者，其遺世反不若公，而取材於世者，其識公反不若尹。余又以悲世之溺者固不在仙，而仙之於世，當亦恒

悲其鮮所遇也。夫以神仙之說人所易溺者，猶且如此，又況為聖人之道者耶？

余幸生公之鄉，而先大夫復在莫逆，既得見公，又得論次行事於墓石，茲復集其詩文若干卷藏之家，因敘其所存，且以悟人之疑者。（《念庵文集》卷十一）

祭鄒東廓公文

嗚呼先生，豈可一日少哉！方陽明公之存也，傳良知之說者各以其意為解，惟先生則獨公之言是述。及陽明公之沒也，承良知之統者各以其資為的，惟先生則獨公之言是守。故始而青原，繼而復古，終而復真，以及安成之四鄉，吉安之諸邑，無處而非講學之所，亦無處而非講學之人。而良知之發明至於今二十有五年，日以昌大而不廢者，誰之力歟？蓋述公之言非難，舉其言而不雜為難；守公之言非難，信其言而不疑為難。自紹興之後，使人無疑於師說者，惟先生一人而已，今斯已矣！良知之說滿天下，求其亹亹不倦如陽明公者不鮮歟？良知之說聞天下，求其深信不疑如先生者不尤鮮歟？

故始而先生之病也，通邑之人莫不身禱以冀其稍延；及先生之沒也，通邑之人莫不巷哭以悲其不再至。是乃知先生之學與萬物為體，先生之身與天下相通，是豈可一日弗存也哉！

某聞教二十餘年，以匡病不出戶者三年餘矣，亦思此身稍健，必思繼先生之業以畢此生，而先生以道自任，引誘不怠，曾幾何時，遽至於此！然則九邑之間，至可悲者，孰有如某者哉？先生事業文章在天下，天下之人皆知誦之，乃今獨悲先生之身

者，為斯道、為斯世有不在於事業與文章也。先生其亦自惜否乎？（《念庵文集》卷十七）

告衡山白沙先生祠文

某自幼讀先生之書，考其所學，以虛為基本，以靜為門，以四方上下往古來今穿紐湊合為匡郭，以日用常行分殊為功用，以勿忘助之間為體認之則，以未嘗致力而應用不遺為實得。蓋雖未嘗及門，然每思江門之濱、白沙之城，不覺夢寐之南也。已而聞先生之言，以未至衡山為念，至死而猶不忘，蓋雖未嘗出戶，然每思祝融之巔、紫蓋之上，誠不覺神爽之西也。

比來獨居自無友，於是出遊三湘之上，蓋雖未嘗近先生之所居，而已得先生之所未至。然又思不知所謂至死而不忘者果何所為，即悵望於七十二峰之間無益也。先生之祠先一年而成，某之遊後一年而至，豈果有待也耶？又自思力弱志卑，恐不足以承之也。先生其啟之否耶？（《念庵文集》卷十七）

圃答

世每言稂莠荊棘，害嘉種，損美材，故餘在圃，見即誅之。又從而根柢之，蹊徑濯濯矣，圃不加茂。怪以問老圃，老圃曰：「嘻。荒枝敗葉之未除也。彼荒而敗者，外強而燥，能耗滋液，邪側傾壓，眾以見迫，沾塗附影，難為扶掖。雨久腐湆，侵淫氣脈，故存之不為益。且夫不殺不生，不虧不盈，新者漸進，故者必更，以裕民用，以章天刑，故去之非不情，若使美惡並蓄，犄角相伏，縱益以年，不能蕃育。君未嘗其毒爾矣。於是爪之剔

之，斧之劈之，曾不逾旬，目有華滋。余曰：「信如老圃言！世之冒同類而貽其害者獨草木哉？彼荊棘稂莠者，蒙其名者也；不察於利害之實，而徒以名焉者，於圃且不可，如世何？」（《念庵文集》卷六）

艾南英一篇

前曆試卷自序

予年十有七以童子試受知于平湖李養白先生，其明年春為萬曆庚子，始籍東鄉縣學，迄萬曆己未，為諸生者二十年，試於鄉闈者七年，餼於二十人中者十有四年。所受知邑令長凡二人，所受知郡太守凡三人，所受知督學使者凡六人。於是先後應試之文積若干卷，既刪其不足存者，而其可存者，不獨慮其亡佚散亂，無以自考，又重其皆出於勤苦憂患、驚布束縛之中，而且以存知己之感也。乃取而壽之梓，而序其所以梓之之意。

曰：嗟乎！備嘗諸生之苦，未有如予者也。舊制，諸生於郡縣，有司按季課程，名季考；及所部御史入境，取其士十之一而校之，名觀風。二者既非諸生黜陟進取之所係，而予又以懶慢成癖，輒不及與試。獨督學使者於諸生為職掌其歲考，則諸生之黜陟係焉，非患病及內外艱，無不與試者。其科考則三歲大比，縣升其秀以達於郡，郡升其秀以達於督學，督學又升其秀以試於鄉闈。不及是者，又有遺才大收以盡其長。非是途也，雖孔孟無由而進。故予先後試卷，盡出是二者。試之日，箙鼓三號，雖冰霜凍結，諸生露立門外。督學衣緋坐堂上，燈燭輝煌，圍爐輕暖自如。諸生解衣露足，左手持筆硯，右手持布襪，聽郡縣有司唱

名。以次立甬道,至督學前,每諸生一名,搜檢軍二名,上窮髮際,下至膝踵,倮腹赤踝,為漏鼓數箭而後畢。雖壯者,無不齒震凍栗,腰以下,大都寒沍僵裂,不知為體膚所在。

遇天暑酷烈,督學輕綺蔭涼,飲茗揮箑自如。諸生什佰為群,擁立塵坌中,法既不敢執扇,又衣大布厚衣。比至就席,數百人夾坐,蒸熏腥雜,汗淫浹背,勺漿不入口,雖設有供茶吏,然率不敢飲,飲必朱鈐其牘,疑以不弊,文雖工,降一等,蓋受困於寒暑者如此!

既就席,命題。題以一教官宣讀,便短視者;一書牌上,吏執而下巡,便重聽者。近廢宣讀,獨以牌書某學某題,一日數學,則數吏執牌而下。而予以短視,不能見咫尺,必屏氣囁嚅詢傍舍生,問所目。而督學又望視臺上,東西立瞭高軍四名,諸生無敢仰視四顧、麗立伸欠、倚語側席者。有則又朱鈐其牘,以越規論,文雖工,降一等。用是腰脊拘困,雖溲溺不得自由,蓋所以係其手足便利者又如此。所置坐席,取捨工吏,吏大半侵漁所費,倉卒取辦臨時,規制狹迫,不能舒左右肱,又薄脆疏縫,據坐稍重,即恐折僕,而同號諸生常十餘人,慮有更號,率十餘坐以竹聯之。手足稍動,則諸坐皆動,竟日無甯時,字為跛踦。而自閩中一二督學重懷挾之禁,諸生並不得執硯。硯又取給工吏,率皆青刓頑石,滑不受墨,雖一事足以困其手力。不幸坐漏痕承簷所在,霖雨傾注,以衣覆卷,疾書而畢事。蓋受困於胥吏之不謹者又如此。比閱卷,大率督學以一人閱數千人之文。文有平奇虛實、煩簡濃淡之異,而主司之好尚亦如之,取必於一流之材,則雖宿學不能無恐,而予常有天幸。然高下既定,督學復衣緋坐

堂上，郡縣有司候視門外，考官立階下，諸生俯行以次至幾案前，跽而受教，嚅不敢發聲。視所試優劣，分從甬道西角門以出。當是時，其面目不可以語妻孥。蓋所為拘牽文法以困折其氣者又如此。嗟乎！備嘗諸生之苦，未有如予者也。

至入鄉闈，所為搜檢防禁，囚首垢面，夜露晝暴，暑暍風水之苦，無異於小試，獨起居飲食稍稍自便。而房司非一手，又皆簿書獄訟之餘，非若督學之靜專屏營，以文為職。而予七試七挫，改弦易轍，智盡能索。始則為秦漢子、史之文，而闈中目之為野；改而從震澤、毗陵成弘先正之體，而闈中又目之為老；近則雖以《公》、《穀》、《孝經》、韓、歐、蘇、曾大家之句，而房司亦不知其為何語。每一試已，則登賢書者雖空疏庸腐、稚拙鄙陋，猶得與郡縣有司分庭抗禮。而予以積學二十餘年，制藝自鶴灘、守溪下至弘、正、嘉、隆大家，無所不究；書自六籍、子、史，濂、洛、關、閩，百家眾說，陰陽、兵、律，山經、地志，浮屠、老子之文章，無所不習，而顧不得與空疏庸腐、稚拙鄙陋者為伍。每一念至，欲棄舉業不事，杜門著書，考古今治亂興衰之故，以自見於世，而又念不能為逸民以終老。嗟乎！備嘗諸生之苦，未有如予者也。

古之君子有所成就，則必追原其揚厤勤苦之狀以自警，上至古昔聖人，昌言交拜，必述其艱難創造之由。故曰：「逸能思初，安能惟始。」故予雖事無所就，試卷亦鄙劣瑣陋不足以存，然皆出於勤苦憂患、驚怖束縛之中，而況數先生者，又皆今世名人居公，而予以一日之藝，附弟子之列。語有之：「知己重於感恩。」今有人於此，衣我以文繡，食人以稻粱，樂我以台池鼓

鐘，然使其讀予文而不知其原本聖賢，備見古今與道德性命之所在，予終不以彼易此。且予淹困諸生，既無以報知己，而一二君子溘先逝者，又無以對先師於地下。以其出於勤苦憂患、驚怖束縛之中，而又以存知己之感，此試卷之所為刻也。若數科闈中所試，則世皆以成敗論人，不欲塵世人之耳目，又類好自表見，形主司短長，故藏而匿之，然終不能忘其姓名。騶兒五歲能讀書，將封識而使掌之。曰：此某司理、某令尹為房考時所擯也。既以陰志其姓名，而且使騶兒讀而鑒，鑒而為詭遇以逢時，無如父之拙也。

湯顯祖十二篇

溪上落花詩題詞

長孺、僧孺、兄弟似無著，天親不綺語人也。一夕，作花溪諸詩百餘首，刻燭而就。予經時閉門致思，不能如其綺也。長孺故美容儀少年，幾為道旁人看煞。妙於才情，萬卷目數行下。加以精心海藏，世所云千偈瀾番者，其無足異。獨僧孺如愚，未嘗讀書，忽忽狂走。已而若有所會，洛誦成河，子墨成霧。橫口橫筆，無所留難。此獨未宜異也。

僧孺故拙於姿，然非根力不具者。以學佛故，早斷婚觸，殆欲不知天壤間乃有婦人矣。而諸詩長短中所為形寫幽微，更極其致。如《溪上落花》詩：「芳心都欲盡，微波更不通。」「有豔都成錯，無情乍可依。」不妨作道人語。至如《春日獨當壚》：「卓女盈盈亦酒家，數錢未慣半羞花。」僧孺不近壚頭，何知羞態？《七寶避風台》：「翠纓裙帶愁牽斷，鎖得斜風燕子來。」

僧孺未親裙帶，何知可以鎖燕？《燕姬墮馬》：「一道香塵出馬頭，金蓮銀凳緊相鉤。」僧孺未曾秣馬，何識香尖？《春閨怨》：「乳燕春歸玳瑁梁，無心顛倒繡鴛鴦。」僧孺未曾催繡，安識倒針？當是從聲聞中聞，緣覺中覺耶？無亦定中慧耳。

　　然予覽二音，有私喜焉。世雲學佛人作綺語業，當入無間獄；如此，喜二虞入地，當在我先。又云慧業文人，應生天上，則我生天，亦在二虞之後矣。（《湯顯祖詩文集》第三十三卷1098頁，上海古籍出版社1982年版）

宜黃縣戲神清源師廟記

　　人生而有情。思歡怒愁，感於幽微，流乎嘯歌，形諸動搖。或一往而盡，或積日而不能自休。蓋自鳳凰鳥獸以至巴、渝夷鬼，無不能舞能歌，以靈機自相轉活，而況吾人。奇哉清源師，演古先神聖人能千唱之節而為此道。初止爨弄參鶻，後稍為末泥三姑旦等雜劇傳奇。長者折至半百，短者折才四耳。夫天生地生鬼生神，極人物之萬途，攢古今之千變。一勾欄之上，幾色目之中，無不迂徐煥眩，頓挫徘徊。恍然如見千秋之人，發夢中之事。使天下之人無故而喜，無故而悲。或語或嘿，或鼓或疲，或端冕而聽，或側弁而咍，或窺觀而笑，或市湧而排。乃至貴倨弛傲，貧嗇爭施。瞽者欲玩，聾者欲聽，啞者欲歎，跛者欲起。無情者可使有情，無聲者可使有聲。寂可使喧，喧可使寂，饑可使飽，醉可使醒，行可以留，臥可以興。鄙者欲豔，頑者欲靈。可以合君臣之節，可以浹父子之恩，可以增長幼之睦，可以動夫婦之歡，可以發賓友之儀，可以釋怨毒之結，可以已愁憒之疾，可

以渾庸鄙之好。然則斯道也，孝子以事其親，敬長而娛死；仁人以此奉其尊，享帝而事鬼；老者以此終，少者以此長。外戶可以不閉，嗜欲可以少營。人有此聲，家有此道，疫癘不作，天下和平。豈非以人情之大寶，為名教之至樂也哉！

予聞清源，西川灌口神也。為人美好，以遊戲而得道，流此教於人間，訖無祠者。子弟開呵，時一膠之，唱囉哩璉而已。予每為恨。諸生誦法孔子，所在有祠；佛、老弟子各有其祠。清源師號為得道，弟子盈天下，不減二氏，而無祠者。豈非非樂之徒，以其道為戲相詬病耶？

此道有南北，南則昆山之次為海鹽，吳、浙音也。其體局靜好，以拍為之節。江以西弋陽，其節以鼓，其調喧。至嘉靖而弋陽之調絕，變為樂平，為徽青陽。我宜黃譚大司馬綸聞而惡之，自喜得治兵於浙，以浙人歸教其鄉子弟，能為海鹽聲。大司馬死二十餘年矣，食其技者殆千餘人。聚而詧於予曰：「吾屬以此養老長幼長世，而清源祖師無祠，不可。」予問：「倘以大司馬從祀乎？」曰：「不敢，止以田、竇二將軍配食也。」予額之，而進諸弟子語之曰：「汝知所以為清源祖師之道乎？一汝神，端而虛。擇良師妙侶，博解其詞，而通領其意。動則觀天地人鬼世器之變；靜而思之，絕父母骨肉之累，忘寢與食。少者守精魂以修容，長者食恬淡以修聲。為旦者常自作女想，為男者常欲如其人。其奏之也，抗之入青雲，抑者如絕絲，圓好如珠環，不竭如清泉。微妙之極，乃至有聲而無聲，目擊而道存，使舞蹈者不知情之所自來，當欷者不知神之所自止。若觀幻人者之欲殺偃師而奏咸池者之無怠也若然者，乃可為清源祖師之弟子，進於道矣。

諸生旦其勉之，無令大司馬為長歎於夜台，曰：「奈何我死而道絕也，」乃為序之以記。（《湯顯祖詩文集》第三十四卷 1127 頁，上海古籍出版社 1982 年版）

《牡丹亭記》題詞

天下女子有情，寧有如杜麗娘者乎？夢其人即病，病即彌連。至手畫形容傳於世而後死。死三年矣，復能溟莫中求得其所夢者而生，如麗娘者，乃可謂之有情人耳。情不知所起，一往而深。生者可以死，死可以生。生而不可與死，死而不可復生者，皆非情之至也。夢中之情，何必非真，天下豈少夢中之人耶？必因薦枕而成親，待掛冠而為密者，皆形骸之論也。

傳杜太守事者，彷彿晉武都守李仲文，廣州守馮孝將兒女事，予稍為更而演之。至於杜守收考柳生，亦如漢睢陽王收考談生也。

嗟夫，人世之事，非人世所可盡。自非通人，恒以理相格耳。第云理之所必無，安知情之所必有邪？（《湯顯祖詩文集》第三十三卷 1093 頁，上海古籍出版社 1982 年版）

《紫釵記》題詞

往余所遊謝九紫、吳拾芝，曾粵祥諸君，度新詞與戲，未成而是非蜂起，訛言四方，諸君子有危心，略取所草，具詞梓之，明元所與於時也。記初名《紫簫》，實未成，亦不意其行如是。帥惟審云：「此案頭之書，非臺上之曲也。」姜耀先云：「不若遂成之。」南都多暇，更為刪潤訖，名《紫釵》，中有紫玉釵

也。霍小玉能作有情癡，黃衣客能作無名豪，余人微各有致，第如李生者，何足道哉？曲成，恨帥郎多病，九紫、粵祥各仕去，耀先、拾芝局為諸生倅，無能歌樂之者，人生榮因生死何常，為歡苦不足，當奈何？（《湯顯祖詩文集》第三十三卷 1097 頁，上海古籍出版社 1982 年版）

《旗亭記》題詞

　　予讀小史氏，宋靖康間董元卿事，伉儷之義甚奇。元卿能不忘其君，隱於仳離，某氏能歸其夫，且自歸也。最所奇者，以豪鷙之兄，而一女子能再用之以濟，卻金示衣，轉變輕微，立俠節於閨閣嫌疑之間，完大義於山河亂絕之際，其事可歌可舞。常以語好事者，而友人鄭君豹先遂以浹日成之。其詞南北交參，才情並越，千秋之下，某氏一戎馬間婦人，時勃勃有生氣，亦詞人之筆機也。嗟夫！董生得反南冠矣。獨恨在宋無所短長於時，有以自見，使某氏之俠烈，不獲登於正史，而旁落於傳奇。雖然，世之男子，不能如奇婦人者，亦何止一董元卿也？（《湯顯祖詩文集》第三十三卷 1091 頁，上海古籍出版社 1982 年版）

《南柯夢記》題詞

　　天下忽然而有唐，有淮南郡；槐之中忽然而有國，有南柯，此何異天下之中有魏，魏之中有王也。李肇贊云：「貴極祿位，權傾國都，達人視此，蟻聚何殊！」嗟夫！人之視蟻，細碎營營，去不知所為，行不知所往；意之皆為居食事耳，見其怒而酣鬥，豈不映然而笑曰：「何為者耶？」天上有人焉，其視下而笑

也，亦若是而已矣。白舍人之詩曰：「蟻王乞食為臣妾，螺母偷蟲作子孫。彼此假名非本物，其間何怨復何恩。」世人妄以眷屬富貴影像，執為吾想，不知虛空中一大穴也，倏來而去，有何家之可到哉？

吾所微恨者，田子華處士能文，周弁能武，一旦無病而死，其骨肉必下為螻蟻食無疑矣，又從而役屬其魂氣以為臣，螻蟻之威，乃甚於虎狼。此猶死者耳，淳於固儼然人也。靡然而就其徵，假以肺腑之親，藉其枝幹之任。昔人云：「夢未有乘車入鼠穴者。」此豈不然耶？一往之情，則為所攝，人處六道中，頻笑不可失也。

客曰：「人則情耳，玄象何得為彼示徵？」此殆不然。凡所書祲象不應人國者，世儒即疑之，不知其亦為諸蟲等國也。蓋知因天立地，非偶然者。客曰：「所云情攝，微見本傳語中，不得有生天成佛之事。」予曰：「謂蟻不當上天耶！經云：『天中有兩足多足等蟲。』世傳活萬蟻可得及第，何得度多蟻生天而不作佛？夢了為覺，情了為佛；境有廣狹，力有強劣而已。」（《湯顯祖詩文集》第三十三卷1096頁，上海古籍出版社1982年版）

《邯鄲夢記》題詞

士方窮苦無聊，倏然而與語出將入相之事，未嘗不憮然太息，庶幾一遇之也。及夫身都將相，飽厭濃酲之奉，迫束形勢之務；倏然而語以神仙之道，清微閑曠，又未嘗不欣然而歎，惝然若有遺，暫若清泉之活其目，而涼風之拂其軀也。又況乎有不意之憂、難言之事者乎？回首神仙，蓋亦英雄之大致矣。

《邯鄲夢》記盧生遇仙旅舍，授枕而得歸遇主。因入以開元時人物事勢，通漕於陝，拓地於番，讒構而流，讒亡而相，於中寵辱得喪生死之情甚具，大率推廣焦湖祝枕事為之耳。世傳李鄴侯泌作，不可知。然史傳泌少好神仙之學，不屑昏宦，為世主所強，頗有斡濟之業。觀察郟虢，鑿山開道，至三門集，以便餉漕，又數經理吐番西事，元載疾其寵，天子至不能庇之，為匿泌於魏少遊所，載誅，召泌，懶殘所謂「勿多言，領取十年宰相」是也。枕中所記，殆泌自謂乎？唐人高泌於魯連、範蠡，非止其功，亦有其意焉。

獨歎枕中生於世法影中，沉酣噂嚃，以至於死，一哭而醒。夢死可醒，真死何及。或曰：「按記則邊功河功，蓋古今取奇之二竅矣。談者殆不必了人。至乃山河影路，萬古歷然，未應悉成夢具。」曰：「既云影跡，何容歷然？岸谷滄桑，亦豈常醒之物耶？第概云如夢，則醒復何存？所知者，知夢遊醒，必非枕孔中所能辯耳。」（《湯顯祖詩文集》第三十三卷 1095 頁，上海古籍出版社 1982 年版）

《玉合記》題詞

余往春客宛陵，殊闕如邛之遇。猶憶水西官柳，蘇蘇可人，時送我者姜令、沈君典，梅生禹金，賓從十數人，去今十年矣。八月，太常齋出，宛然梅生造焉。為問故所遊，長者俱銷亡，在者亦多流泊，餘汰然久之。為問水西官柳，生曰：「所謂縱使君來不堪折」也。因出其所為《章台柳記》若干章示余，曰：「人生若朝暮，聚散喧悲，常雜其半，奈何忘鼓缶之歡，闕遇旬之宴

乎？」予觀其詞，視予所為《霍小玉傳》，並其沉麗之思，減其穠長之累。且予曲中乃有譏托，為部長吏抑止不行，多半《韓靳王傳》中矣，梅生傳事而止，足傳於時。

第予昔時一曲才就，輒為玉雲生夜舞朝歌而去。生故修窈，其音若絲，遼徹青雲，莫不言好，觀者萬人。乃至九紫君之酬對悍捷，靈昌子之供頓清饒，各極一時之致也。梅生工曲，獨不獲此二三君相為賞度，增其華暢耳。九紫玉雲先嘗題書問梅生，梅生因問三君者一來游江東乎？予曰：「自我來斯，風流頓盡，玉雲生容華亦長矣。」嗟夫，事如章台柳者，可勝道哉？為之倚風增歎。（《湯顯祖詩文集》第三十三卷 1092 頁，上海古籍出版社 1982 年版）

答舒司寇

吾鄉在昔，明德未乏，而向闓軟。明公晶晶雄雄，殆欲後生所仰。接手書，諷以「方壯，宜近老成人。今滿朝鬥氣者多惡少。今幸以為戒，無與親」。受教無量。

竊觀先師有戒：壯在鬥而衰在得。蓋血氣有餘，宜受以不足；不足，又宜受之以有餘。自消息自補引，亦「觀其生進退」之義也。如此然後可以觀民。諸言者誠好事，中多少壯。蓋少壯多下位，與物論近，與老成更歷之論遠。相與黨遊，而執政之遊絕，故其氣英。既不習於事，又不通於執政之情，名位輕而日月長，去就不至深護，或以此自熹；議隨意生，風以羽成。鬥誠有之，未足為定也。而諸老大臣又多不喜與少年郎吏有風性者遊，物論既寡所得，又進而與執政親，熟其恩禮宴笑，因知其所難。

物盈而慮周，中多眷礙。如井汲且收，不復念瓶贏也。故傾朝中尊卑老壯交口相惡，莫甚此一二年餘。人各有心，明公以諸言事者多惡少，正恐諸言事者聞之，又未肯以諸大臣為善老耳。

以不佞當之，與其開而兩傷，不如交而兩成。諸少年宜上游於諸老，領所宦學，時觀而勿語，以深厚，其器而須厥成。諸老亦宜稍進諸年少好事者，挹其盛氣，以自壯自補，無為執政者所柔，因以益知外事。蓋不佞竊唯以血氣損益相補之誼，年少之資於老成人，猶老成人之資年少。鬥在不得，得在不鬥，二也交而用之，以二為一。蓋朝家以鬥啟壯者之用，而壯者故自以不鬥資衰者之用；朝家以得懸衰者之用，衰者又能以不得資壯者之用。而後知老與壯，交相成也。惟血氣未定，好色之遊，老成人正無所資之耳。如聞更有所近，夫亦知好鬥之禍，烈於好色，正不知好得之識，深於好鬥耳。

不佞言若反，然衛公九十餘，求戒卿士，自稱「小子未知臧否」；「誰投以桃，報之以李」。區區有云，感於睿聖報李之誼，知門下不為譖言，撫手一笑。（《湯顯祖詩文集》第四十四卷1220頁，上海古籍出版社1982年版）

王季重小題文字序

時文字能於筆墨之外言所欲言者，三人而已，歸太僕（有光）之長句，諸君燮之緒音，胡天一（友信）之奇想，各有其病，天下莫敢望焉。以今觀王季重文字，殆其四之。而季重以能為古文詞詩歌，故多風人之致。光色猶若可異焉。

大致天之生才，雖不能眾，亦不獨絕。至為文詞，有成有不

成者三：兒時多慧，裁識書名，父師迷之以傳注括帖，不得見古人縱橫浩淼之書。一食其塵，不復可鮮，一也；乃幸為諸生，困為敏達，蹭蹬出沒於校試之場。久之，氣色漸落，何暇識尺幅之外哉。二也；人雖有才，亦視其所生。生於隱屏，山川人物，居室遊禦，鴻顯高壯，幽奇怪俠之事，未有睹焉。神明無所練濯，胸腹無所厭余，耳目既吝，手足必蹇，三也。凡此三者，皆能使人才力不已焉。才力頓盡，而可為悲傷者，往往如是也。若季重者，五歲遍受五經，十歲恣為文章，二十而成進士，蓋一代之才也，而天益若有以異之者。大越之墟，古今冠帶之國也。固已受靈氣於斯。而世籍都下，往來燕越間。起禹穴吳山江海淮沂，東上岱宗，西迤太行，歸乎神都，所遊目天下之股脊喉嚨處也，英雄之所躪，美好之所鋪，咸在矣。於以豁心神、紓眺聽者，必將鬱結乎文章。而又少無專門，承學之間，靈心洞脫，孤遊浩杳，早為貴公鉅人所賞，聞所未聞，出見少年裘馬弓劍，旗亭陌道之間，顧而樂之，此亦文心之所貽佇也。身復早達，曾無諸生一日之憂，名字所至，讚歎盈矚，故其為文字也，高廣其心神，亮瀏其音節，精華甚充，顏色甚悅，緲焉者如嶺雲之媚天霄，絢焉者如江霞之蕩林樾；乍翕乍辟，如崩如興；不可迫視，莫或殫形；大有傳疏之所曾遺，著錄之所未經者矣。嗟夫，以一代之才，而絕三者之累若此，不亦宜乎！其為古文詞、詩歌又何如也？

　　雖然，才士而宦業流通，亦無以周世物之容，而既以當途令高第為郎矣，復抑而命青浦。青浦，故屠長卿所治縣也。長卿既以此出大越，名天下，而季重書來，乃更以歸休讀書為懷。夫季重固已讀書矣，凡為若談者，當亦有未盡其才之歎耶！然則，則

天之於季重，誠若有以異之無已也夫！（《湯顯祖詩文集》第三十二卷 1074 頁，上海古籍出版社 1982 年版）

合奇序

世間惟拘儒老生，不可與言文。耳多未聞，目多未見，而出其鄙委牽拘之識；相天下文章，甯複有文章乎？予謂文章之妙，不在步趨形似之間，自然靈氣，恍惚而來，不思而至，怪怪奇奇，莫可名狀，非物尋常得以合之。蘇子瞻畫枯株竹石，絕異古今畫格，乃愈奇妙，若以畫格程之，幾不入格。米家山水人物，不多用意，略施數筆，形像宛然，正使有意為之，亦復不佳。故夫筆墨小技，可以入神而證聖，自非通人，誰與解此？吾鄉丘毛伯選《海內合奇》，文止百餘篇，奇無所不合，或片紙短幅，寸人豆馬；或長河巨浪，洶洶崩屋；或流水孤村，寒鴉古木；或嵐煙草樹，蒼狗白衣；或彝鼎商周，丘索墳典，凡天地間奇偉靈異，高朗古宕之氣，猶及見於斯編，神矣化矣。夫使筆墨不靈，聖賢減色，皆浮沉習氣為之魔，士有志於千秋，寧為狂狷，毋為鄉願，試取毛伯是編讀之。（《湯顯祖詩文集》第三十二卷 1077 頁，上海古籍出版社 1982 年版）

耳伯麻承游詩序

世總為情，情生詩歌而行於神。天下之聲音笑貌，大小生死，不出乎是。因以儃蕩人意，歡樂舞蹈，悲壯哀感，鬼神風雨鳥獸，搖動草木，洞裂金石，其詩之傳者，神情合至，或一至焉。一無所至，而必曰傳者，亦世所不許也。

　　予常以此定文章之變，無解者。臥罷客，忽傳綏安謝耳伯《游麻姑詩》數葉，諷之，古漢魏久無屬者，耳伯始屬之。溶溶英英，旁魄陰煙，有駘蕩遊夷之思，可謂足音空穀。循後有詩導一章，亹亹自言其致，亦神情之論也！嘻！耳伯其知之矣。中復有記盱江夫子升遐數語，若以死生為大事，嘻呀！此亦神情所得用耶？水月疾枯，宗復何在？唐人所云「萬層山上一秋毫」也，偶為耳伯敘此。（《湯顯祖詩文集》第三十一卷 1050 頁，上海古籍出版社 1982 年版）

王猷定四篇

《宋遺民廣錄序》

　　李小有氏《廣遺民錄》成，南州王猷定讀而歎曰：悲哉，吾友之志也！

　　古帝王相傳之天下，至宋而亡。存宋者，遺民也。知宋之所以存，則當知宋之所以亡；知遺民之所以存宋，則當知宋之所以存遺民者安在也。嗚乎！難言哉！

　　夫一代創業之君，其得天下與夫享國之久長，非徒恃其威力，其深仁厚澤有以收忠臣義士之報。一再傳而英武之君殘忍寡恩以篡奪之，故推刃懿親、屠毒忠良，使國家之元氣，中更推折。雖其子孫培養綿延數百年，而怨毒之氣終乘時而發，至於廟社邱墟，本支凋落。然節義之在天壤，不獨殺戮之所不能禁，而璽書征辟，或至再三，不能回入山蹈海之心，則開國之德澤入於人心者深也。

　　當藝祖之得天下也，人無兵革之患，其誓碑不殺柴氏子孫，

而全李煜之門。諸降王來朗者歸之。韓通拒命，罪殺之者，而贈通以官，仁厚為已至矣。太宗則不然。德昭之自殺，德芳、廷美之幽死，視李唐喋血禁門何異焉。至青城之禍，篡奪之報見矣。公卿士大夫爭以媚敵為得計，而都人萬億，然頂煉臂，號哭踉泥淖間，以冀二帝之還，僵死枕籍於道。嗚乎，豈非藝祖德澤之所留也歟！

南渡而後，棄中原於敵國，其間遺民既不為薛力之委蛇，復不同翟義之輕試，堅忍幽墨，竄身於盲風怪雨之中，甚則瘋憂抑鬱以至於死，欲考其行事而不可得。及孟琪破蔡滅金，稍攄遺民之氣。未幾崖山一潰，遂使古帝王之天下，忽然淪喪。豈不痛哉！

嗚乎！宋之所以存與其所以亡者亦可知矣。且天之生此遺民也，殺戮之所不能及、璽書征辟之所不能移，何為也哉？沖主既沉，孤忠盡隕，仰觀天意，俯察人情，天下事其無可望也，明矣。而遺民獨甘老死，干饑寒流離、煢獨無告之地，則天能亡宋於溺海之君相，而不能亡宋於天下之人心。蓋至終元之世，高隱不仕之風未嘗少絕，則是古帝王相傳至宋之天下，迄元末未嘗亡也。矧群雄割據，小明王之號，猶稱宋焉。即謂遺民之存宋，以傳於昭代也，不亦宜乎！

向使乙太宗之殘忍，則統緒三百二十年，與夫忠烈殉國之報，皆非其所宜有也，而況於遺民乎！然後知藝祖之仁厚，有以豫培三百年之先而始食報於三百年之後如此也，此謂宋之所以存遺民者也。我故曰：「悲哉，吾友之志也！」

《湯琵琶傳》

湯應曾，邳州人，善彈琵琶，故人呼為「湯琵琶」云。貧無妻，事母甚孝。所居有石楠樹，構茅屋，奉母朝夕。幼好音律，聞歌聲輒哭。已，學歌，歌罷又哭。其母問曰：「兒何悲？」應曾曰：「兒無所悲也，心自淒動耳。」

世廟時，李東垣善琵琶，江對峰傳之，名播京師；江死，陳州蔣山人獨傳其妙。時，周藩有女樂數十部，咸習蔣技，罔有善者，王以為恨。應曾往學之，不期年而成。聞于王，王召見，賜以碧鏤牙嵌琵琶，令著宮錦衣，殿上彈《胡笳十八拍》，哀楚動人。王深賞，歲給米萬斛，以養其母。應曾由是著名大樑間，所至狹邪，爭慕其聲，咸狎昵之。然頗自矜重，不妄為人奏。後，征西王將軍招之幕中，隨曆嘉峪、張掖、酒泉諸地，每獵及閱士，令彈塞上之曲。戲下顏骨打者，善戰陣，其臨敵，令為壯士聲，乃上馬殺賊。

一日，至榆關，大雪。馬上聞觱篥，忽思母痛哭，遂別將軍去。夜宿酒樓，不寐，彈琵琶作觱聲，聞者莫不隕涕。及旦，一鄰婦詣樓上曰：「君豈有所感乎？何聲之悲也！妾孀居十載，依於母而母亡；欲委身，無可適者，願執箕帚為君婦。」應曾曰：「若能為我事母乎？」婦許諾，遂載之歸。襄王聞其名，使人聘之，居楚者三年。偶汎洞庭，風濤大作，舟人惶擾失措，應曾匡坐彈《洞庭秋思》，稍定。舟泊岸，見一老猿，鬚眉甚古，自叢箐中跳入篷窗，哀號中夜。天明，忽抱琵琶躍水中，不知所在。自失故物，輒惆悵不復彈。已歸省母，母尚健，而婦已亡，惟居旁抔土在焉。母告以婦亡之夕，有猿啼戶外，啟戶不見。婦謂我

曰：「吾待郎不至，聞猿啼，何也？吾殆死，惟久不聞郎琵琶聲，倘歸，為我一奏石楠之下。」應曾聞母言，掩抑哀痛不自勝。夕，陳酒漿，彈琵琶於其墓而祭之。自是倡狂自放，日荒酒色。值寇亂，負母鬻食兵間。耳目聾瞀，鼻漏，人不可邇。召之者，隔以屏障，聽其聲而已。

所彈古調百十餘曲，大而風雨雷霆，與夫愁人思婦、百蟲之號、一草一木之吟，靡不於其聲中傳之。而尤得意於《楚漢》一曲，當其兩軍決戰時，聲動天地，瓦屋若飛墜，徐而察之，有金聲、鼓聲、劍弩聲、人馬辟易聲，俄而無聲。久之，有怨而難明者，為楚歌聲；淒而壯者，為項王悲歌慷慨之聲、別姬聲；陷大澤，有追騎聲；至烏江，有項王自刎聲，余騎蹂踐爭項王聲。使聞者始而奮，既而恐，終而涕淚之無從也。其感人如此。

應曾年六十餘，流落淮浦。有桃源人見而憐之，載其母同至桃源。後不知所終。

軫石王子曰：古今以琵琶著名者多矣，未有如湯君者。夫人苟非有至性，則其情必不深，烏能傳於後世乎？戊子秋，予遇君公路浦，已不復見曾曩者衣宮錦之盛矣。明年復訪君，君坐土室，作食奉母，人爭賤之，予肅然加敬焉。君仰天呼呼曰：「已矣！世鮮知音，吾事老母百年後，將投身黃河死矣！」予凄然，許君立傳。越五年，乃克為之。嗚呼！世之淪落不偶，而歎息於知音者，獨君也乎哉？

《滁遊記》

越日，上元後八日也，出城步西澗，飛潮若江上。古木寒

筮，極幽蒼之致。東南皆有瀾澗、西獨得名，出韋蘇州詩也。人知「野渡九人」之句，不知其「永日無餘事，山牛伐木聲」更為原對。三隱奇蹈，此為野人初步矣，作《西澗》詩。

廿四，高子留城中，予登滁山。山甚樸，類人之重厚少文者。循幽谷至豐樂亭，訪菱溪石，皆無存。亭無駕霄之奇，只以文忠保豐醒心一意，迥卓霞表，乃知古之君子，既樂人，又樂身，觀遊者果為政之具也。予勞勞休休，攀躋至此，豐耶樂耶？相與酌紫薇泉去。由來遠亭、三茅廟望豐山，如市樓之共天。旗折而南，崇岡復道，古柏千章，有冠劍離立狀。予曰：「是必有異。」至山門，見遺構絕壁之下，神淵怪滅，玉柱騰閃。至龍神祠，祠飼馬。祠東隆碣矗立，蒼苔恍惚，日月雷霆，風雨鬼神，則高皇帝龍章在焉。予驚拜展讀，始知為柏子潭，即歐公賽龍阮也。五龍各王其爵，所由來遠。昔高皇帝禱其上，注矢於淵者三，後戰勝免冑而祭。赤電排空，白龍夾冑，受命之符，古未有也。為詩恭紀四章，復酹酒潭上，呼龍而告之曰：「爾龍之血食茲土也，二百八十餘載。當爾夾日霖雨三軍，帝遣崇山侯坐禮祀於爾。京師，旱亦禱爾，無亦俾爾永護山靈，長子孫勿替也。吾意高皇帝千秋萬歲後，魂魄猶應在此，而爾處陰霾黑跡，荒風苦雨中，沁沁倪倪，晦朔不知，餒將日甚，予代爾慮也。」

於是作《呼龍歌》，投諸潭。潭水窅，陰風颯起。山鬼晝嘯，群峰暝合。聽黑雲台下，汩汩微作聲。有牧豎過而言曰：「潭北一竅，遠通山腹。大江之葦，嘗達是水。昔人之禱於此者，或幟紅鼉，或驚電鼓，或現壽能，異哉！茲吾不能測其變化矣。」是夜宿豐樂之後館，風號達曙，夢中蕭槭，如大海波沸。

質明，高子至，登醒心亭。再過潭，石夜崩數丈。

廿五，從柏子潭至波羅窪、小祇園，坐祠石亭，觀白鴿洞。洞東銅坑不知所在。行西南三里，兩峰交峙，有亭翼然曰「醉翁」。飛瀉兩峰之中，與石爭鳴者為釀泉。過薛老橋，數武入歐門。問公手植，僧導予至梅亭。古鐵崢嶸，欲竄欲突，一株中枒，偃臥如飛虯之飲澗，可以清人，可以壽人，可以教人。作《拜梅》詩。須臾黃雲四布，雪片如掌，玉樹千山，人鳥影絕。子與高子陟崔嵬之顛，大叫曰：「此菊山所夢玉真峰頂也。四百萬劫，無人至矣。寒梅一樹，鴻濛之雪，構為花骨。今天地荒老，又四百年。」酌大鬥曲，嚼梅花數千片，夙骸腥滓蕩滌，悉生香霧。

至峰回處，汲玻璃泉，飲之，作《醉雪歌》。謂高子曰：「此醉翁後不聞有人醉酒泉，一片地散發盜樽，安可言醉？醉翁意不在酒，故千日可葬，腐肋可死，談胚渾之道，甄可化；甃春渠之石，釀可玉。吾與子從茲入於古莽，陰陽莫別。夢覺無分，寒暑昏晝靡辨，窮劫羲和沉緬，改白日為元天，斯亦人生之至樂也。」夜宿澹歸閣，聽梵唄若潮聲，戶外竹甚壯，不能負雪，裂聲破夢，夢中作《悼竹》詩。

甘六蚤別梅，作《別梅》詩。輿行深谷中，雙眸不能敵雪，眩時輒障以袂，又地氣蒸寒，嘗達人面，不寒而慄。至回馬嶺，雪沒脛。其謂回馬者，建炎寇盜充斥，部守向子伋因山為寨，植二門，茲其一也。東南為栲栳山，山下有熙陽洞，皆不能往。盤紆二里許，津逮而上，後屐棧鬡，左右兩山逶迤，前抱歐公所謂「蔚然深秀者，琅琊也」。此山作鎮東海，從帝子而南，肇錫是

名，遂挾有江海。柳河東曰：「遊之適有二，曠如也，奧如也。」琅琊之奧以石以樹，靈槎糾紛，槐檀相攘，雲氣擁成宮殿。磨岩齒石，沈閟翳黑，如陰獸銅猊，銜環據柱。升曠如嶺，長江浩浩，千里無聲。群山蹌拜，多狀其間。若碩若槁，若干越蓬葆之形；怒而憤，若太傅之虎臥者，不能測其何名。居人曰：「此蔣山也。」曩昔鹿十萬蹄，松萬木，仇督司之，今安在哉？魖啼夔立，磷火夜搏，熠熠江外。嗚乎，子山而在，豈能寫哀歟？

是日臨庶子泉，問李陽冰古篆。其旁有明月溪、白龍池。上有華嚴井、歸雲洞、日觀亭、了了堂。或存贔，或捄長煙，蓋景之所不及。留者坻載之址，所不及留者，意存之可也。雖然，意亦何存？庾亮曰：「若有意也，非賦所盡；若無意也，復何所賦？正在有無間耳。」今日之游，乃付諸隔江風雨、西山哭聲，有意耶，無意耶？

由石屏歸雪鴻洞，旁有吳道子畫須菩提像，甚古。古今繪事多矣。惟道子獨著。謝恭云：「立象昭勸，莫著乎圖繪。」道子攝魂入魄，所謂李公俵圖應圖者耶！宿馮公洞，作《琅琊寺》詩。

廿七蚤起，望朝暾、雲霞、草木，悉颺空際，江氣如圓燈，浮百里外，與山氣連。《易》曰：「山澤通氣。」信然歟！別山僧，欲往龍蟠，未果。聞黃沙窪頗幽勝，遂忻然住焉。道經龍泉寺，寺旁有馬神廟，少憩。按，是山為房宿，房天駟也。國初設咠寺，掌馬政以此。今惟存殘碑斷芆、老檜數株而已。至幽棲寺，不迨。今聞舍玉巒而矜甿隖，何歟！

王子曰：茲遊也，不經旬而雨三日，雪一日，吾得洞三，得

泉四，亭之可停者八，台之可以望雲物者一，潭之鱖鱻可畏者亦一，而觀止得古體、歌行、近體凡二十首，刪其六而詩亦止。昔屈原見放，彷徨山澤，見楚先王廟及公卿相堂，圖畫天地、山川、神靈，奇偉譎佹，及古聖賢怪物行事，因書其壁而問之，以泄憤懣；劉夢得遊連、朗州，亦效屈子作《九歌》，使楚人以迎送神，乃倚其聲，作《竹枝詞》十餘首。予之呼龍拜梅、毋乃類是歟？枯居沉鬱，則遊以散之。而山川蔽虧，道路荒塞，周流而無所極也。猶有蹇產而不釋者，謂之何哉？

《錢烈女墓誌銘》

楊州有死節而火葬於卞忠貞祠南十五布。為鎮江錢烈女之墓。烈女死明弘光乙酉四月二十七日，五日乃火，以家於忠貞祠，即其地為墓。當其死，告于父：「無葬此上，以屍投火。」父如其言。南昌王猷定客揚州，與里人談乙酉事，輒為詩文弔之。歲丙申春，其父乞余銘，痛哭言曰：「吾老人無兒，自吾女死，而老人不欲生也！城破，督師史公率兵趨東門，女決其必死。已持刀欲自剄，余挽其手；積薪以焚，余又奪去；結繯，絲絕，繯又斷。餘皇急不知所出，不得已乃予以藥。曰：『汝姑視緩急可也』」。猷定為之感泣，時賓客聞者皆流涕。又言曰：「嗚呼！吾老人十年以來，頭童然禿且盡，而視聽茫然，而肝肺崩裂，如沸如屠。然每憶吾女吞藥不得死，吾老人不知生之可戀而死之可悲也。兵入，以戈刺床下，數刺數抵其隙，乃去；知女反匿床下。藥發，端不絕，余與老妻抱之慟，強飲以水，不死。女泣謂余曰：「兒必死，無緩兒也。兒受生養十六年，父母又無男

兒，不能與父母相養以生，相待以老，俾至於終身。而今使父母收我骨。目不瞑矣！父老祖宗之不血食。家世江南，當與母勉圖歸計耳。」時注水皮庭中，立起以頭投水。水淺，自頂以上不及頸，余力持之起，目瞪口瀉水如注。是時雨甚，門外馬蹄踐血與泥聲濺濺，比屋殺人焚廬，火四起。夜，女以紙漬水塞口鼻，強余手閉其氣，令絕。余心痛，手不能舉。又解衣帶，強母縊之。母倉卒走出，聞足擊床閣，嗚呼，死矣！」獻定聞益悲，忍不銘？烈女名淑賢，父為鎮江錢公應式，母卞氏。公善醫，活人者眾。女死後，受兵梃刃數十，不死。兵縛公欲殺，以手格之，皆僕地，反得免。卞時病其，亦受刃。久之復蘇。人以為女之陰助云。銘曰：

三光絕，一炬烈，後土爭之土欲裂，瘞爾於忠貞之旁，麗重離以照四方之缺！

陳宏緒一篇

莊居聽雨記

乙酉，予居石莊，自四月八日至五月朔，為雨者，凡二十有三日。時楚鎮猝下，皖口、長沙羽檄絡繹，城內外徒跣交馳，泥淖沒膝，往往僕蹶不能起。予獲偃臥山間，飽聽澎湃洶礚、坎竷淅瀝之聲，夜以繼日。

有客過而弔之曰：「子抱火厝之薪下而處，火已燃而尚未之覺也。」予曰：「固然，然舍此復安有樂土之適乎？亦姑聽此而已。」

且予生四十九年，何歲不雨？何歲不聽？然而輪蹄之響或亂

之，友朋笑語之聲或亂之，華筵綺席，鐘鼓笙簧之奏或亂之，市喧巷誶、城笳戍角之紛遝或又亂之。其幸靜而伊吾，暇而吟哦，則又以其喉吻而自亂之。獨此二十三日之中，座無賓，門無車馬，懸無金石，左右四顧無人。兼以倉卒至其地，無書可讀，又病齒不復作詩，窅然寂然，一惟此澎濞洶礚、坎窾淅瀝之入吾耳，然後知天地間聲之奇者莫過於是。

蓋有如睢陽、常山之恨怒者焉；有如三閭之憔悴行吟者焉；有如南霽雲之喑嗚叱詫者焉，有如司農之笏擊碎、武穆之馬悲嘶者焉；有如雷海青之擲樂器焉；有如杭丐者之泣冬青焉；有如毛惜惜之弦管焉；孰不為之低徊沾衣，累噓無已。

憶曩昔游長安道，忽晝晦，疏點大如車輪，與友人朱白石沽易州酒，拔劍斫地，歌鐵崖《臨濠》、《武雙》、《虎殭》諸篇，頗自負，謂三百年聽雨一快。今空山聲響大異，而予友亦不可複作矣！嗚呼，豈獨痛夫子友也！

徐世溥兩篇

《小澗記》

自銅原出不數里，有聲出於竹中，如是數百步，甚異之。既則延瞻岑徑，亦有流泉，清迴修澈，委石成文，明細鱗鱗，若蕢在沙。還顧來徑，則竹箊明密，夾生澗旁，葉交岸合，波綠沙隱，故聲流竹際矣。

其前，則螺石淪澗，積沙成埃，平流有聲，山泉遙應，遞注疊鳴。前乃漸就山道，勢高落迅，行疾響訇。分注田塍，澗水載鳴，畦畦相答，深可娛聽焉。

《興福莊記》

故相張公興福莊在東關外，延袤數里，自菩提寺至於窰灣。嗚呼！此灌將軍故城址也。相國因而圃之，即址為堤。夾植青松，環以涤水。中有稻田數十畝，曲徑縈紆，小丘五六，或高或下，或方或圓，皆作亭檻於上。隱以杉檜，雜花冥濛。其外即濠，菱荷間發。春有稻色，夏有荷馨。秋冬之際，陵麓邱池，綺然明瑟。細橋仄路，曲折迷人。予嘗數遊焉，而亭軒頹廢，螽虺來集，慨然屢歎矣。

堤上松風，悲號無時。零露淤浥，反照狼藉。倚樹而憩，少焉復行。外眺濠岸，內顧池軒。涼吹灌耳，同遊者每有寒色。堤盡松窮，俄聞鐘梵之聲，發於地下，既駭且笑，則所謂蓮花庵者是也。下堤緩步，杳不見庵，但聞水聲，中雜僧語，又在木末。尋溪涉水，樹隙為橋。幽狹奇危，過之憭慄。僧人習之迎送如飛，若無橋者。附郭邱林，此殆其勝，居然可遺世矣。

嗟夫，昔將軍以雄武之資，提師築城，偉焉都市，無亦自謂萬世不拔。而陵穀變遷，兵火之際，城郭無主。既已摧為殘堤荒隴，千載之後、不意有相國者起而圃之。意其當時之盛，台榭有奕‧笙歌來遊。春雨秋月之夜，灌將軍魂魄亦或來此，而悲樂其再興。然相國身往未久，而今已荒穢若此矣。安知後世此堤不復築而為城池耶！予以其數遊也，因志之以俟來者。

賀貽孫兩篇

《〈激書〉自序》

吾邑禾川之水，奇於諸邑，自安城烏兜，涓涓泉流，出吾西

里，合眾流而始盛，又從西順流，合南里諸水，繞城而東，紆折
二百餘里，為瀨、為瀧、為灘，大小四十有奇，皆巨石橫江，水
從石隙怒淩而出，若從天墜下，至廬陵始得安瀾而休焉。其石之
狀，如虎蹲，如獅踞，如相枕、相藉、相搏；其波之狀，如鷺
跳，如鴻起，如馬奔，如相逐、相蹴、相踏；其水石衝擊之聲，
如雷轟，如山摧，如百萬軍中鼓角喧而炮響震也。然試離水而觀
其石，皆峭厲廉悍，無所可用；當其在水，則盤雨岡風，變態美
洲。乃知禾川之眾，所以稱奇者，此峭厲廉悍無用之石激而成之
也。

惟人亦然，使皆履常席厚，樂平壤而踐天衢，安能發奮而有
出人之志哉！必歷盡風波震盪然後奇人與奇文見焉。姑取吾邑往
哲臨流而數之：有其人道德而文經緯者，此禾川之飛瀑落天、濺
沫入地，灌萬畝而沃三時者也；有其人剛毅而文蒙邁者，此禾川
之玉柱倒撐、銀河卷浪，斷虹霓而起霹靂者也；有其人節烈而文
悲憤者，此禾川之豐隆叱馭、阿香回車，怒馮夷而泣湘娥者也；
有其人狷潔而文芳冽者，此禾川之蟾蜍濯魄、赤鳥飲泉，搴芙蓉
而泛芰荷者也。是豈禾川英靈萃於往哲哉？但往哲朗不負英靈從
風波震盪中激之而成耳。激之而其才始老，激之而其知始沉，激
之而其學問思辨始資深而逢源。激之為用，能使人暢者鬱，亦能
使鬱者反暢；能使人恬者怨，班能使怨者反恬。其郁且怨者，生
人之大情；而其暢且恬者，知不可奈何之天而安之若故，臨不可
奈何之變而守之不移，此非往哲之有道者不能也。

予生長禾川瀧灘之間，習於石水之防，久而忘焉。自壯至
老，遭逢亂離，出死入生。習於人事之險，如沒人操舟，無時不

在風波震盪之中，久而又忘焉。當其忘也，鬱者皆吾暢，怨者皆吾恬，風波震盪，皆吾平壤天衢，吾豈有二視哉！近著一書，其志近恬，其氣近暢，其文辭近忠厚而惻怛，初未嘗有鬱怨之意。然以余自揆之，非備嘗鬱且怨之曲折，必不能蓄此恬暢之志氣，非熟經風波震盪之變態，必不能為此忠厚惻怛之文辭。猶之泛舟禾川，非身從水石相激而出，不知瀨與瀧灘所怒淩者即此安瀾之水也。激之為用，豈漫然而已哉！書篇頗繁，為兵火毀其大半，僅存四十一篇，名曰《激書》，蓋深感夫激我成我者之德，故記而述之。使後之見吾書者，由吾激之一言，推而廣之，則雖滔天橫流，皆可作安瀾觀也。

禾川賀貽孫子冀父書於水田居。

《游梅田洞記》

遊之道有三，於東山取曠，於康樂取豪，而子厚取幽取寂焉，斯備矣。

邑東二十里為梅田，從田中坌起石洞有三，玲瓏空幻、奇怪秀特之態，飫人耳目。遊人騷客豔稱之，茲不具紀遊焉，蓋嘗屢至其地矣。憶兒時偕數少年躧屐尋穴，舉燎而入，直達突隧，淒神寒骨、自喻適志，以為樂也。

癸未八月晦日，偶與釋大冶過友人龍仲房家，飲醉乘興遊焉。仲房善謳，冶善笛。按笛發謳，嗚嗚溜溜，迸出石竇，眾竅迭應，破石穿崖，引而愈長。謳闋、忽有弁而騎者右數十人，擁戈鳴角而來，下馬張樂。樂在洞上，其聲在下，如墜如崩。既而馳驅田野，懸的習射，箭落鵝叫，角鳴馬嘶，皆與三洞聲相吸

應。忽焉，內洞炮發，石遇響留。其聲鬱怨，百穴盡怒，如獅虎群哮；如海潮疊震；如有百十霹雷交鬥穴中，排擊衝突，良久乃已。遂鋪茵羅坐，邀余三人為上客。刺肥烹鮮，痛飲至醉，揚鞭散去。

仲房顧謂余曰：「今日之遊，意曠而致豪，境幽而神寂。彼弁而騎者，助我樂興不淺矣，不識彼亦知此樂乎！」余曰：「亦各有其樂也。雖然，子厚氏不云乎：『永州山水，凡有異態者，皆吾有也。』永州山水，閱人多矣，而有之者獨一子厚，前此者不得與焉。子厚去今千年矣，讀其書者，鈷鉧小丘仍屬子厚，後此者終不得與焉。今茲之遊，吾三人將何以有之哉？有以有之，則斯洞與吾三人共存千古；無以有之，則彼弁而騎者，其自視鼓角喝吒之聲，與吾黨之謳吟絲管均也。嗚呼，梅田之為梅田也久矣，孰有之哉？」遂相與賦詩而退。

彭士望三篇

《九牛壩觀抵戲記》

樹廬叟負幽憂之疾於九牛壩茅齋之下。戊午閏月除日，有為角抵之戲者，踵門告曰：「其亦有以娛公？」叟笑而頷之。因設場於溪樹之下。密雲未雨，風木冷然，陰而不燥。於是鄰幼生周氏之族，之賓、之友戚，山者牧樵，耕者犁犢，行擔簦者，水桴楫者，咸停釋而聚觀焉。

初則累重案，一婦仰臥其上，豎雙足承八歲兒，反覆臥起，或鵠立合掌拜跪，又或兩肩接足，兒之足亦仰豎，伸縮自如。間又一足承兒，兒拳曲如蓮出水狀。其下則二男子、一婦、一女童

與一老婦，鳴金鼓，俚歌雜佛曲和之，良久乃下。又一婦登場，如前臥，豎承一案，旋轉周四角，更反側背面承之。兒復立案上，拜起如前儀。兒下，則又承一木槌，槌長尺有半，徑半之。兩足圓轉，或豎拋之而復承之。婦既罷，一男子登焉，足仍豎，承一梯可五級。兒上至絕頂，復倒豎穿級而下。叟憫其勞，令暫息，飲之酒。

　　其人更移場他處，擇草淺平坡地，去瓦石，乃接木為蹻，距地約八尺許。一男子履其上，傅粉墨，揮扇雜歌笑，闊步坦坦，時或跳躍，後更舞大刀，回翔中節。此戲，吾鄉暨江左時有之。更有高丈餘者，但步不能舞。最後設軟索，高丈許，長倍之；女童履焉，手持一竹竿，兩頭載石如持衡，行至索盡處，輒倒步，或仰臥，或一足立，或偃行，或負竿行如擔，或時墜掛，復躍起；下鼓歌和之，說白俱有名目，為時最久，可十許刻。女下，婦索帕蒙雙目為瞽者，番躍而登，作盲狀，東西探步，時跌若墜，復搖晃似戰懼，久之乃已；仍持竿，石加重，蓋其衡也。

　　方登場時，觀者見其險，咸為之股栗，毛髮豎，目眩暈，惴惴唯恐其傾墜。叟視場上人，皆暇整從容而靜。八歲兒亦 如先輩主敬，如入定僧。此皆誠一之所至，而專用之於習，慘澹攻苦，屢蹉跌而不遷，審其機以應其勢，以得其致力之所在；習之又久，乃至精熟，不失毫芒，乃始出而行世，舉天下之至險阻者皆為簡易。夫曲藝則亦有然者矣！以是知至巧出於至平，蓋以志凝其氣，氣動其天，非魯莽滅裂之所能效此。其意莊生知之，私其身不以用於天下；儀、秦亦知之，且習之，以入國戲，私富貴以自賊其身與名。莊所稱僚之弄丸、庖丁之解牛、傴僂之承蜩、

紀渻子之養雞，推之伯昏瞀人臨千仞之蹊，足逡巡垂二分在外，呂梁丈人出沒於懸水三十仞，流沫四十里之間，何莫非是，其神全也。叟又以視觀者，久亦忘其為險，無異康莊大道中，與之俱化。甚矣，習之能移人也！

其人為叟言：祖自河南來零陵，傳業者三世，徒百餘人。家有薄田，頗苦賦役，攜其婦，與婦之娣姒，兄之子，提抱之嬰孩，糊其口於四方，贏則以供田賦。所至江、浙、西粵、滇、黔、口外絕徼之地，皆步擔，器具不外貸。諳草木之性，捃摭續食，亦以哺其兒。

叟視其人，衣敝縕，飄泊羈窮，陶然有自樂之色。群居甚和適。男女五六歲即授技，老而休焉，皆有以自給。以道路為家，以戲為田，傳授為世業。其肌體為寒暑風雨冰雪之所頑，智意為跋涉艱遠、人情之所儆怵磨礪，男婦老稚皆頑鈍。儇敏機利，捷於猿猱，而其性曠然如麋鹿。

叟因之重有感矣。先王之教久矣，夫不明不作，其人恬自處於優笑巫覡之間，為夏仲禦之所深疾；然益知天地之大，物各遂其生成，稗稻並實，無偏頗也。彼固自以為戲，所遊歷幾千萬里，高明巨麗之家，以迄三家一巷之村市，亦無不以戲觀之，叟獨以為有所用。身老矣，不能事汗澣縒，亦安所得以試其不龜手之藥？托空言以記之。固哉！王介甫謂「雞鳴狗盜之出其門，士之所以不至！」患不能致雞鳴狗盜耳。呂惠卿輩之詔諛，曾雞鳴狗盜之不若。雞鳴狗盜之出其門，益足以致天下之奇士，而孟嘗未足以知之。信陵、燕昭知之，所以收漿、博、屠者之用，千金市死馬之骨，而遂以報齊怨。宋亦有張元、吳昊，雖韓、範不能

用，以資西夏，寧無復以叟為戲言也。悲夫！

《程山堂碑記》

自有天地以來，高山大川之待名於人，蓋不知其幾矣。就其著者而論，焦山、嚴灘之節概，浣花、林廬之羈窮，赤壁、沘水、峴山之勳業政事，蘭亭、香山、西園之文采風流，朋從宴集，其人固皎皎拔俗，當時或自為、為他人之詩歌敘記，今後之人覽之，儼然若身遇之歷千百年猶未墜。彼其聲施後世，雖蕩析而不磨者，果何物也？

吾南昌歷漢而宋，僅傳梅尉嶺、徐孺子磨鏡處、蘇雲卿圃。今其地雖鞠為茂草荒煙，故老往往猶能指及。南豐則曾子固居書岩，以文章顯於宋。繼此落落未少概見，則是山川之待人以名者，又不其難矣哉！

謝子約齋生子固之鄉，方壯歲即灑脫世故，捐制舉藝，獨有志聖賢之道，為之二十有二年。晚乃得程山，與其徒封浚、黃熙、甘京諸子居之。程山在城西偏，石圓砥，可坐數百許人，在獨孤及彈琴馬退石之左。林塘幽閒，修竹蹲如。堂三楹，館室亭榭凡數處。浚、京與師嘗授徒其內。吾易堂諸子每過，必出所撰著，述近日行事，講貫迻日夜，互為規益。星渚宋未有會一至，居旬日，歎為平生僅事。四方遠近之遊而之者，殆無不知程山有謝子之學。

予由是以思，大地凡九萬里，其間帝王將相所戰伐攻取，攘而得之，久或數百十年，或數年，革命代興，薄海內外，視勝國若蛻遺。奉其正朔、國號、政令，無敢異。其名人鉅公，偶一據

蜉蝣蟻子之地，殫其智能才慧，栩栩然自為得，思以易天下而傳後世。俯仰陳跡，或亦未免為人所訾。乃若魯鄒、泗嶧、濂溪、考亭、象山、百原、九嶷、龍場、石頭、蓮洞之區，果何人所居之！帝王有所不能奪，天地有所不能私。名之今古，無有窮極。是必其獨居衾臥、對妻子、顧影形，表裡瑩徹，而毫無愧作者也！雖今勳業蓋天下，文章擅一時，有不可幸而致。嗚呼，豈不浩然大丈夫也哉！

歲己酉春二月，予攜長兒厚德、婿黃建讀書獨孤之琴台。建亦程山幼徒也。甘京以其師命屬於記，將勒洞石。予自視益老廢放棄恥心，油然而私喜其托程山以有名也。遂不辭為之記。

《翠微峰記》

甯都郊西奇石四十里，率拔地作峰，形互異，低昂錯立，岩壑幽怪。北距邑所稱金精半里更西，峭壁赤矗，辟翕陡絕，望蔥鬱曰「翠微峰」。峰東首坼，微徑僅可容一人。初入益暗、稍登丈餘，抵內壁，一孔僂出暗橋下，孔可三尺許。出孔，徑益隘。更捫壁側行旋折，登數十步漸寬，崩石欹互，如遊釜底。再上，及閣道，孔出如暗橋，忽開朗軒豁，石穹覆東向，納朝日，曰「烏谷」，可容百十人庇風雨。烏穀上棧道，梯磴雜出，徑視初入益隘。頂踵接更千步，壁盡曠朗，磴道益寬。人翔步空際，歷歷可數。崩矗起，西行漸平。脊坼三幹，顛環週二里許，下視城郭、溪阜、陵穀、村圃、畎澮、人物、草樹、屋宇，圜匝數百里、遠近示掌上。外二幹南北長直，上銳稍夷，治極闊，東西亦不逾四仞左右，並出交於北。

　　踐右脊為路垣，脊以北為長圃。路西下數尺，稍南達於堂。山勢高，屋宜隱伏，顧夾兩石壁，橫不得方。獨中幹束縮，後托圓頂，張肘平衍，可按百武。辟堂其中，曰「易堂」。堂廣二丈，深二之一有半。北向憑右幹外，太陽、赤竹、南光諸遠峰張旗鼓，中列屏幾相望峙。左右從兩廡，因地勢並長。堂前門外隙地，舊有泉湧出，亦甘例，瀦為塘，積淤易塞。道左高柳出天半，垂條拂地，春時縹渺，濯濯可愛。乃更尋圃下路，過塘，可三十步，有堂負右幹，絕隘，室絕小，可八九間。橫小室南向，余俱西面。壁臨汲道，不得方列，恒不見日星，獨逼側並左幹。壁行向盡小柵門，藤蘿交蔭。磴道下可三丈，有泉澄碧，甘洌寒潔。生石峽中脈南出，湧小泉。狀如葫蘆，汪注大並，欄巨石其外。下鑿石底，深廣二十尺，數百人可均給。久雨，渠水溢漫，從小竇出，當極涸，晝夜不逾十數斛，恒洗井；泉盛時一日夜可復。泉口外雙石駢立遙拱。及山半土阜，下托類盤庋，曰「雙桃石」，泉曰「桃泉」。從堂後出，圃地丈餘，藝雜樹，登石級累百。

　　踐左脊南望，兩崖間有池一泓，堰種蔬。廣榭欄幹廊步，花木紛翳。池中種白蓮百餘本，樓屋三楹臨其上，曰「勺庭」。地最勝，直距堂可一尋。循勺庭土垣，更右登南岡，為左幹，始析腋。最高有閣翼然。右個東西向，粉白輝映，中植桂、梧桐、臘梅、梅竹、荼蘼、月刺之屬，桂尤盛，四時花不絕。中幹更東行益高，始析右幹縮口。有堂一區，從小屋十餘，亞視易堂。門臨道，右幹平抱，多桃花，如村落，東望郊原曠甚。稍北並庾廩、春臼背深溪，為右渠濫觴地，可資溉濯。渠出中幹，右腋獨長，

繞出易堂外。紆左徑柳下西壁，迤北達於泉。左幹高特，達週四望，風迅無人居。平其地百步，為箭道，土厚多雜木。行可半里許，自閣下包勺庭、易堂，為泉東障。蔬果出時，狙公竊據相引下，盜食狼藉。沿山顛修木萬本，花實瑰異，不可名狀。松、桃花、梅花、竹最盛。山遠望馴伏，近巉峭，渾成一石，隱不見屋。乍至，非望見扶欄，疑無居人。先年俱荊榛填合、罕人跡。山絕壁無路，不可登。二三樵者覘其上多薪木，乃艾道，束縛跌腰鐮索，持數日糧、火種，從坼縫猨引捫登，恣樵伐擲下，售獲十素金。

山麓俱小阜周附，下塹極深廣，不可逾越。麓北多岩穴可居，苦遠汲。南絕壁下，崩石磊磊，石眼立，狀各殊異。從南視，東首如調象，目、鼻、蹄、尾宛然。所拱雙石絕不高，獨為邑望祀；西首如獅子怒立，石縱橫微坼，若掀鼻張吻。北睆雙桃石，有擲弄狀。客至，登其顛，無不詻嗟奇絕。上下多囁嚅、色勃、骨戰慄，或不能下，有望望竟去，不復上者。

城鄉趨山下徑有三：城西行必經一線天，兩山夾道，升陟最勞；鄉必從三獻，道金精，為西南徑；東北極險僻，從簀簹谷、倉山，經黃竹砦。三徑縐東阜為一。西行距山不半里，纖他徑輒迷道，蕪塞不易達。翠微鄰三（左山右獻）路稍遠，從峰頭望甚近，如臥獅盤伏。居者數百人，可呼語，頗近黃竹。仰視如芙蓉冠東峙，獨高出為犄角。金精為尤近，自山顛俯視，樓閣屋洞，俱在坑穀中。

名載邑志，為漢女仙張麗英狒舉，及長沙王吳芮強納聘，鑿石求見，事甚異，唐宋遊人題詠碑碣甚多。近為卜道人重修，道

人高潔有至行，予為之記。跡金精道甚坦，車馬可通，不煩斧鑿，予意翠微形勢當出神仙奇怪人。又首圻幹餘尺，似經鑿治，非王者力不能辦，歲久壅蔽，疑為古金精，至今邑令長猶望祀。後人樂便易，但就近附會訛失，且移祀雙拳石，甚無謂。邱邦士然予說，為詩紀事。山中曾掘得古劍、銅簇、瓷碗，質甚粗，青赤色，畫雲、鳥，云是宋元時物。元時虔眾苦兵，民盡砦居，多古跡。簇長三寸，豐重而突，非近代器。劍獨久，形色類石，被鉏斷數截，中有銅質，未盡化，疑麗英修煉具，眾分藏之。後山毀，家人僅身免，俱失去。山周身塊石，惟一徑峻，狹曲直中，岩洞出沒，梯磴行貫魚，技勇無所施，人一步不盡，險皆死地。方彭宦作亂死，遺樵傭僅十餘，閉守抗攻者百千人，下石有死者，晝夜班數十健卒鬥，匝歲不能下，招降始罷去。頃善伯善贛帥，多雄武士，馳覽邊檄，輕險阻，曾一至，飲不敢盡三爵，惴惴謂天下絕險云。

魏際瑞一篇

《陳平論（兩則）》

一

呂後欲王諸呂而難大臣，以問王陵，陵稱高帝拒之。問陳平，平曰：「高帝臨天下王劉氏‧今後稱制王呂氏，無不可。」陵出，讓平。平曰：「面折廷諍，臣不如君；定危亂，安劉氏，君亦不如臣。」

魏子曰：惡，是何言哉！夫平固挫雀之智也。昔有見病雀而治之者，雀報以珠。鄰孺子慕之，梯而攫雀，析其脰，日夜治

之，以明有恩子雀，則惑矣。夫平誠附陵，以左右丞相力爭，後必不敢擅王。後不王，則祿、產不居南北軍，則不能危劉氏。夫無所可危，何有子安？不至子亂，何定之為？

且平能卒誅呂氏，非苟欲附後者，徒以柔智愛身，又目見呂氏殺梁、楚諸王，如俎魚肉，是以震懼而不敢異議，不知信、越見殺，固已藉高祖之威，而酈侯又為之助。當令平不阿後，則大臣誰且與後。況夫以王陵之戇，後方含怒而不能殺，何平之以此為畏也。且夫祿、產之誅，平、勃固多以幸勝者。勃之既罷兵柄也，諸呂何以不謀勃，勃幸；矯納北軍，勃又幸；平陽侯不會聞賈壽之謀，則坐需大亂而已，勃幸；劫酈商，又祿或不聽寄，不解印授勃，勃何能為，則勃大幸；北軍皆左袒，勃幸；產不知祿去北軍，徘徊往來，而幸乃得擊殺產，勃無不幸。吾故曰：祿、產之誅，天也。吾未見平有畫然必勝之謀定之子早也。

雖然，平能燕居深念，以呂氏為憂，豈亦所謂不食其言者與！

二

陳平佐高帝定天下，皆以陰謀取勝。平亦自謂：「吾多陰禍。」夫陰，則何害之有？為君討賊，為父報仇，為天下除殘去暴，吾之術則陰，而吾之心可正告於天下，陰則何害之有？

吾所深惡痛恨於平者，獨謂其教帝因信出迎而擒之。此一事足以滅平宗而不悔，何則？信有大功，高帝又素疑忌，一旦以流言殺信，是啟帝殺功臣之心，而啟天下功臣之叛漢。世之兵禍延連而未有已者，平為之也。

然則平而能保信不反，平不能也。信反，平能勸帝不誅平？帝欲誅信，而不偽遊而能必誅信，平不能也。且夫平之說無不善，而其所以說者，非也。平既明信之不可擊，從容而請曰：「古者天子巡狩，南方有雲夢，陛下第狩雲夢，會諸侯於陳、楚之間，信若輕出郊迎謁天子，是信不反也。信反，必不出，則以諸侯之師卒掩而擒之。如此則信必不及備，而功臣必心服而不叛。」嗚呼，天下有反叛天子而輕身郊迎，以自蹈陷阱，此愚者所不為也，而況以高帝為天子乎？然則信之心可知也。

魏禧十篇

《秦論》

秦並天下，在范睢遠交近攻之一言。然其先世所以富強坐大西陲者，則在近攻而遠不交。何則？

秦地介僻遠，與戎狄為伍，不與中國朝聘會盟之事，中國以此輕之，而不知秦人之謀，其所以得志者，正在於此。

秦自穆公敗都以來，未嘗勞師於遠，《春秋》紀秦所夷滅梁、滑而已，乃李斯所稱「並國二十，遂霸西戎者」，果何在也？然則秦之近攻亦可知矣。其後，惠王不攻西周三川，而伐巴蜀，至北收上郡，南取漢中，猶用此策。

然使秦當日者求好於中國，比年而數盟，一歲而數聘，牽引宋、鄭，爭長晉、楚，則將竭其財力，勞其心，以奔走於道路之間而日不暇給，又何暇畢力於耕戰之務，坐致富強，卒並天下也哉！吾故曰：秦所以得志，在近攻而遠者不交也。

春秋列國，惟齊、晉、秦、楚最強大，然秦滅國者二，齊滅

國五，晉滅國十有二，楚滅國二十有一。秦之惡不如楚，而人稱虎狼之國，則不在楚，而在秦，何者？楚縣陳而復，破鄭而不貪。若是者，自穆公以來未嘗有。虎狼得獸而生之，世固無有是也。秦人之得志，莫有過於此者。

秦建國六世始大，十二世而強，二十一世而並天下，不二世而國亡宗滅。嗚呼！吾未見其得也。

《贈黃書思北遊序》

丁巳之秋，予自江西來揚州。黃君清持之仲子書思，以才高不錄。明年春，將就學於成均以試。黃子沖然而質，好學問，請一言贈其行。予曰：以文試，吾何言哉？頃者，吾見子所黜卷，雖冠冕江南，何弗可？而不錄，命也。雖然，語有之曰：「人定者勝。」不於南，其錄於北，必也。以文試，吾何言哉？

君子之學，將以用於世。用於世者，必知世之所急，而先其切於民者。予江西人也，而子江南人，又家揚州。夫自吾贛至揚州三千里，所見所傳聞，三四年間，天下民生之苦未有甚於江西者。寇、兵所蹂踐，其夫妻子母死亡離散不相保聚者，十之五六；無衣食饑寒死、垂死者，十七八矣。江南號稱樂土，然民困賦役，不舍十室而五。而揚之下縣，七年被水災，民死亡殆盡。前八月，予之興化省李廷尉疾，舟百里行田中，茫洋若大海無畔，其不能去者，則躡板而炊，婦稚赤澡相向水立，拾螺蛤於泥中。舟子言，如是者數州縣，凡千數一百里也。而予五客揚，自始至迄今，每來則災民乞食於市者，相摩肩不絕。城以外，多道死。嗚呼，何其甚哉！

予嘗私謂治河之大吏，不當以資敘遷，當如漢武帝募使絕國之詔，或出公卿所共舉，或重賞爵招徠其人。而大吏亦仿此意以擇屬官，招致草野非常之士。又當如趙充國先上方略，寬以期日，夫然後河可得治，揚下邑之遺民可活也。

子之行，必將以文才傾動諸卿大夫。他日連第春官，其必留意於江西、揚州之民乎！而且先為諸卿大夫言之。子故工詩歌。古有風采之義，子盍為詩以待太史之采？當路多賢者，如嚴司農瀚亭，葉太史子吉，皆吾故人，子往見，試以吾言告之。

《宗子發文集序》

今天下治古文眾矣。好古者株守古人之法，而中一無所有，其弊為優孟之衣冠；天資卓犖者師心自用，其弊為野戰無紀之師，動而取敗。蹈是二者，而主以自滿假之心，輔以流俗諛言，天資學力所至，適足助其背馳，乃欲卓然並立於古人，嗚呼難哉！雖然，師心自用，其失易明；好古而中無所有，其故非一二言盡也。

吾則以為養氣之功，在於集義；文章之能事，在於積理。今夫文章，「六經」「四書」而下，周、秦諸子兩漢百家之書，於體無所不備。後之作者，不之此則之彼。而唐、宋大家，則又取其書之精者，參和雜揉，熔鑄古人以自成，其勢必不可以更加。故自諸大家後，數百年間，未有一人獨創格調，出古人之外者。然文章格調有盡，天下事理日出而不窮，識不高於庸眾，事理不足關係天下國家之故，則雖有奇文與《左》、《史》、韓、歐陽並立無二地，亦可無作。古人具在，而吾徒似之，不過古人之再

見，顧必多其篇牘，以勞苦後世耳口，何為也？且夫理因非取辦臨文之頃，窮思力索，以求其必得。鐘太傅學書法曰：「每見萬匯，皆畫象之」。韓退之稱張旭書「變動猶鬼神不可端倪」。，天地事物之變，可喜可愕，一寓於書。人生平耳日所見聞，身所經歷，莫不有其所以然之理，雖市儈優倡大猾逆賊之情狀，灶婢丐夫米鹽淩雜鄙褻之故，必皆深思而謹識之，醞釀蓄積，沉浸而不輕發。及其有故臨文，則大小淺深，各以類觸，沛乎若決陂池之不可禦。譬之富人積財，金玉布帛竹頭木屑糞土之屬，無不豫貯，初不必有所用之。而當其必需，則糞土之用，有時與金玉同功。

吾蓋嘗見及於是，恨力薄不能造其藩籬，自易堂諸子外，不敢輕語人。而長安王築夫、寶應朱秋厓、興化宗子發，嘗相與反覆。一日，子發持其文屬敘，論旨原本「六經」，高者規矩兩漢，與歐陽、蘇、曾相出入。子發持高節，獨行古道，而虛懷善下人。他日所極，吾烏能測其涯涘！故為述平日所與論議者，以弁其端。嗚呼！天下之可語於此者，蓋多乎哉！

《朱參軍家傳》

魏禧曰：嗚呼！士生盛世，鬱鬱不得志，與處衰亂，抱道懷貞，老且死牖下，其孰悲夫哉？夫莫之禁而不為，欲為而不得為，君子悲之，然高尚其事，抗志自悅，雖憂天傷人，狹隘迫蹙，苟不至於斷脰絕吭，其所處有裕如者，孰與夫身負材，適當其時，而無所自見乎哉？陰崖之木，雪霜以為雨露，堅強而不懼，木生陽山，春氣盎溢，而華葉不滋，悲孰甚焉？吳門之隱君

子，曰金俊明，余見之，年七十一矣。倘所謂抱道懷貞、老且死牖下者非耶？工書法，窮不得食，以書法自食，賦詩讀書，何其蕭然樂耶？俊明之父曰朱參軍，餘覽其行事，悲焉。

　　參軍本姓金氏，名允元，七歲而孤。母貧，不能自存。有姊適朱氏，屬養焉，遂冒朱姓，更名永昌云。參嗜書，通古今事，為人有器量，美鬚髯，修幹偉然。嘗游四方，所至覽其山川土俗。與賢豪士遊，性倜儻，善計畫，能為人緩急，思欲有所用於世。當是時，朝廷重資格，非制科無由進，而制科亦輕他途士。參軍既無聊，乃入貲事吏部。久之，以勞授綏寧簿。綏寧，楚邊邑，苗夷雜處，民借深林為屏障。有徽商倚監司同里者，取其材殆盡，民無所庇，訴之令。令首鼠，以屬簿。參軍陳利害，欲置之法，持論侃侃不撓。遂以左上官意，投劾歸。而參軍去後，苗夷乃歲為邑患。當事惜之，復補參寧夏衛幕。甯，古朔方也，苦寒，參軍顧樂之。恒自佩刀，與部曲飲酒歌，出入塞上，熟察士馬器械、厄塞險阻，思建功邊徼，取封侯印。天啟乙丑，督府以互市遣參軍。時方二月，山深積雪及馬腹，甫出疆，感寒疾，卒。年才四十有八。參軍將瞑，無他言，開目視左右曰：「謹藏吾佩刀。」俊明始為諸生，亦姓朱氏，名袞。後復姓更今名，字孝章，吳人稱曰「孝章先生」。

　　魏禧曰：「語曰：『不於其身於其子。』參軍負材不試，俊明自廢放，窮餓以老，豈所謂天道者耶？夫俊明莫之禁而為之以求顯，參軍亦烏能聲施若是哉？悲夫！」

《訓導汝公家傳》

嗚呼，崇禎之季，事可勝道哉？三百年士氣，一辱於靖難，再挫於大禮，三辱於逆瑁，由是仕宦多寡廉鮮恥，賄賂請託，公行無忌，至以封疆為報仇修怨之具。一二賢者，矜立名節，又多橫執意見，遂其志而不顧國家之事，不通達於世變，好同己而植黨人，卒使九廟陸沉，帝后殺身殉社稷。然甲乙酉以來，忠臣義士其各名與不知名者，不可勝數。至於浮屠、老子之徒，傲然執夷、齊之節，則烈皇之死，有以激發之也。而甲申以前，內外交訌，降叛相繼，於此有無官守之人，當倉卒之交，毅然殺身以成仁者，斯為加於人一等矣。吳江汝君錄奉其曾大父死義事來乞傳，餘不勝三歎息焉。傳曰：

公諱可起，字君喜，吳江縣之黎川鎮人。生平磊落多氣概。為諸生，受知於督學熊公廷弼。熊公奇才，任邊事，功未就以讒死。公傷之，嘗憤然有請纓之志。崇禎庚辰以貢士對大廷。時天下多故，天子重騎射，臨軒親視，公矢發輒中的，試高等。壬午授常州府訓導，閏十一月南下至河間府故城縣。值東兵大入，蹂畿輔，哨騎充斥，城門晝閉不得入，乃間行十餘里，寓宿韓生家。天明設食將行，寒甚，與同行人燎薪向火，而數騎突入戶。眾皆散走，公獨整衣冠端坐。騎呵曰：「汝官耶？速降則免死。」露刃脅公。公罵曰：「我天朝臣子，豈為汝輩屈耶？」騎怒，攢刃斫公。臨絕，以手拭頭血印壁間，大呼崇禎聖上數聲，僕火死。久之，同行人稍集，得公屍灰炭中。韓生曰：「義士也。」殯而瘞之，年六十有五。

或謂公無守土責，即司訓導，未至官所，可無死。魏禧曰：

「公遜避，不死可也。不幸與騎值，欲屈公，公負至性，雖不為貢士司訓導，為諸生，為匹夫，吾知其不偷生以自汙必矣。夫屈己自辱，於義所不可，雖宰相匹夫其不可均耳。士君子自愛重其身，豈以官不官，有守土職與否哉？若汝公者，可謂烈士也矣。」

《大鐵椎傳》

　　大鐵椎，不知何許人也。北平陳子燦省兄河南，與遇宋將軍家。宋，懷慶青華鎮人，工技擊，七省好事者皆來學。人以其雄健，呼宋將軍云。宋弟子高信之，亦懷慶人，多力善射。長子燦七歲，少同學，故嘗與過宋將軍。

　　時座上有健啖客，貌甚寢，左脅夾大鐵椎，重四五十斤，飲食拱揖不暫去，柄鐵摺疊環復，如鎖上練，引之長丈許。與人罕言語，語類楚聲。扣其鄉及姓字，皆不答。既同寢，夜半，客曰：「吾去矣！」言訖不見。子燦見窗戶皆閉，驚問信之。信之曰：「客初至，不冠不襪，以藍手巾裹頭，足纏白布，大鐵椎外，一物無所持，而腰多白金。吾與將軍俱不敢問也。」子燦寐而醒，客則鼾睡炕上矣。

　　一日，辭宋將軍曰：「吾始聞汝名，以為豪，然皆不足用，吾去矣！」將軍強留之，乃曰：「吾嘗奪取諸響馬物，不順者輒擊殺之。眾魁請長其群，吾又不許，是以仇我。久居此，禍必及汝。今夜半，方期我決鬥某所。」宋將軍欣然曰：「吾騎馬挾矢以助戰。」客曰：「止！賊能且眾，吾欲護汝，則不快吾意。」宋將軍故自負，且欲觀客所為，力請客。客不得已，與偕行。將

至鬥處，送將軍登空堡上，曰：「但觀之，慎弗聲，令賊知汝也。」

時雞鳴月落，星光照曠野，百步見人。客馳下，吹觱篥數聲。頃之，賊二十餘騎四面集，步行負弓矢從者百許人。一賊提刀縱馬奔客，曰：「奈何殺我兄？」言未畢，客呼曰：「椎！」賊應聲落馬，馬首盡裂。眾賊環而進，客從容揮椎，人馬四面僕地下，殺三十許人。宋將軍屏息觀之，股栗欲墮。忽聞客大呼曰：「吾去矣！」但見地塵且起，黑煙滾滾，東向馳去，後遂不復至。

魏禧論曰：「子房得滄海君力士，椎秦皇帝博浪沙中，大鐵椎其人歟？天生異人，必有所用之。予讀陳同甫《中興遺傳》，豪俊、俠烈、魁奇之士，泯泯然不見功名於世者，又何多也！豈天之生才不必為人用歟？抑用之自有時歟？子燦遇大鐵椎為壬寅歲，視其貌，當年三十，然則大鐵椎今年四十耳。子燦又嘗見其寫市物帖子，甚工楷書也。

《燎衣圖記》

《光武燎衣圖》，唐吳道子畫，友人程邃得之新安僧漸江。邃字穆倩，博雅能詩，攻書畫，好藏古人名跡，此圖尤有神理。畫人八、馬一、驢一、牛二、犬一。大石立若闕者二。亭內三人，並釜灶雜器。亭外五人。大樹一在亭前，右倚石；一倚亭後。前樹下二牛互臥。石後立驢，見頭頸。有黑犬半出，狺狺張口吠，左立人。亭外五人；左二，帶劍服弓箭，牽馬立石下，旁鈇二斾卷其帛；右三，面兜鍪出石背，亦見劍鐔、矢之羽、弓、

簫。亭內二人：短項隼鼻，要強弓，左膝跽地下，手厝薪吹火者一個，鄧禹；兩手奉麥飯向釜間來，豐頤者一人，馮異；一個光武帝，鞠身燎衣，背胡床向火立。細視亭屋內，又二人從壁柱間窺，各見半面。光武帝豐頤隆准，大耳高額，微髭鬚，縝髮，眉端從際額，目光澄獻，不耀其武，伏波將軍所謂「帝王自有真」，信歟？左壁上有更始日曆，下壁泥落見編竹。茅亭煙突也屋脊，北風斜吹，煙穗拂高樹枝，想見於時寒冽。通幅周尺從五尺有奇，衡二尺五寸。所畫人皆長尺有三寸、四寸，牛馬稱是。樹木大經二寸八分，亭柱徑一寸三分。穆倩云：漸江蓋名諸生，世變，棄七子為僧，更以畫學名，言此得之新安吳氏也。予季弟禮嘗漸經光武村，作詩，予讀之慨然。今覽此圖，不勝歎息，呵凍書此。辛亥臘月朔日易堂魏禧揚州記。

《吾廬記》

季子禮既倦於遊，南極瓊海，北抵燕，於是作屋於勺庭之左肩，曰：「此真吾廬矣！」名曰吾廬。

廬于翠微址最高，群山宮之。平疇崇田，參錯其下，目之所周，大約數十里，故視勺庭為勝焉。於是高下其徑，折而三之。松鳴於屋上，桃、李、梅、梨、梧桐、桂、辛夷之華，蔭於徑下。架曲直之木為檻，堊以蜃灰，光耀林木。

客曰：「鬥絕之山，取蔽風雨足矣。季子舉債而飾之，非也。」或曰：「其少衰乎？其將懷安也？」

方季子之南遊也，驅車瘴癘之鄉，蹈不測之波，去朋友，獨身無所事事，而之瓊海。至則颶風夜颭屋，臥星露之下。兵變者

再，索人而殺之，金鐵鳴於堂戶，屍交於衢，流血溝瀆。客或以聞諸家，家人憂恐泣下，餘談笑飲食自若也。及其北游，山東方大饑，饑民十百為群，煮人肉而食。千里之地，草絕根，樹無青皮。家人聞之，益憂恐，而季子竟至燕。

客有讓余者，曰：「子之兄弟一身矣，又唯子言之從。今季子好舉債遊，往往無故沖危難，冒險阻，而子不禁，何也？」余笑曰：「吾固知季子之無死也。吾之視季子之舉債冒險危而遊，與舉債而飾其廬，一也。且夫人各以得行其志為適：終身守閨門之內，選耎趑趄，蓋井而觀，腰舟而渡，遇三尺之溝，則色變不敢跳越，——若是者，吾不強之適江湖；好極山川之奇，求朋友，攬風土之變，視客死如家，死亂如死病，江湖之死如衽席，——若是者，吾不強使守其家。孔子曰：『志士不忘在溝壑。』夫若是者，吾所不能也。吾所不能而子弟能之，其志且樂為之，而吾何暇禁？」

季子為余言：「渡海時，舟中人眩怖不敢起，獨起視海中月，作《乘月渡海歌》一首；兵變，闔而坐，作《海南道中詩》三十首。」余乃笑吾幸不憂恐泣下也。

廬既成，易堂諸子自伯兄而下皆有詩；四方之士聞者，咸以詩來會，而余為之記。

《重興延陵書院記》

常州為古延陵地，吳季子所封邑，故郡縣季子祠最多。舊志有延陵書院，故地不可考，蓋其廢而不興者，不知幾百年矣。歲辛亥，郡太守駱公鐘麟慨然以風教為己任，有意興復之。而延陵

裔孫、武進諸生髮祥鬻產以謀建造。於是就郡城雙桂里季子祠西偏之廢地，創復古延陵書院。太守時與郡邑之大夫士講學其中。未幾，太守以憂去，而新太守紀公堯典復振興其事，講習如舊時。

常州為古今文人之藪，倡明斯道者代有其人。書院之設，自南宋周伯忱先生至明孫文介、張清惠，凡四五建。至於今，廢墜者數十年，一旦得賢有司起而舉之，常之大夫士觀感興起，彬彬乎道德之林矣！書院凡為廡、為堂、為室若干區，地廣若干畝。作於某歲月，落成於某歲月。發祥竭力經營之。宜興邵贊協圖之。

禧來客茲土，得交常之賢人君子，而不以禧為不文，命為記，勒諸石。禧固謝不獲，於是拜手而言曰：昔孔聖以學之寡講為吾憂，而《兌》之大象曰：「君子以朋友講習。」自宋之小人以偽學誣君子，始有講學之禁。禧嘗以謂，講學之人，有不盡出於君子者；而攻講學之人，則斷未有不出於小人者，自宋以來可見矣。然漢唐之黨禍，君子與小人相攻也。至洛、蜀之黨分，而君子與君子相攻矣。洛蜀之爭，是君子之講學與君子之不講學者相攻也。至朱陸之黨分，近日程朱陽明之說異，而君子之講學與講學者相攻矣。朋黨之禍，千古一轍，世愈降而趨愈下。嗚呼！不有君子，其流禍抑何所底也！《易》曰：「殊途而同歸。」為學者各有所得力處，要歸於聖賢之途而已。是故弊有所必救，則殷周損益，雖聖人之制，可以改其未善；理有所合，則諸子百家之言，未嘗不可以發明聖人之經。若執一自用，是此非彼，始以相長之義，而成相勝之氣；以徑路之殊，成門戶之異，則己之偏

私膠固，與小人之祜勢專利者，其間不能以寸，顧曉曉然曰：「吾講聖人之學者也。」是何異於之楚而北其轍，手格父母而口誦《孝經》哉？吾知諸君子之必不出於是也。夫正其身以率物，虛其心以受人，將天下之忮求自消，況一堂之上乎！

禧庸劣於講學之黨，不足以供糞除之役。今因諸君子之請，而妄述所聞於師友者，以附記事之後。是雖不能辭道聽塗說之罪，或庶幾備矇瞍之箴頌云爾。是為記。

《宋高宗論》

宋高宗，殺之賊也，何以旨之？

昔鄭叔段為不義，莊公誅之。《春秋》書曰：「鄭伯克段於鄢。」趙穿實殺靈公。」書曰：「趙盾弒其君。」凡此者誅其心也。然則高宗即位非正乎？曰：「否，二帝北狩，高宗以至親嗣國，正也。然則何以為篡？高宗屈己厚幣請和於金，皆以復二帝為名。其名若恐二帝之不復，而惟恐其復者。推其心，可以手劍於其父兄而不恤。何則？出於必不可復之道，而舉其事之可以必復者斷然而不肯為，則雖不謂之篡，不可得也。

且大戰之必有功，和之必敗，其成效對概見，雖婦人、孺子皆知之矣，而謂高宗不知乎？方張浚、趙鼎諸人執議於朝；宗澤、岳飛、韓世忠、吳玠、劉錡諸將致死戮力，所至有功；其餘拔城殺敵自效者，不可勝紀。當是時，使高宗真以迎復為心，躬擐甲冑，鼓勵戰功，其逐北金人，歸二帝於沙漠，猶決潰堤、下沖波而不可禦也。計不出此，而反覆悖戾，方故以撓其成，使金人窺其心而挾之於外，黃潛善、汪伯彥、秦檜之徒窺其心而持之

於內。

　　嗚呼！向令二帝得反中國，雖稽首而固讓之，彼將郤走而弗肯居矣。韋太后自金還，遂不敢述欽宗車前之語，蓋亦有以信其心也。

　　《詩》曰：「投畀豺虎，豺虎不食；投畀有北，有北不受。」其高宗之謂乎！夫以《春秋》之法，董狐之義，則高宗篡弒之誅必不容貰，甚矣！後世之無直史也。

梁份

《送張方伯往山海關序》

　　大行之麓歷居庸連山東走，忽轉而南；滄海之水自直沽排空東注，忽放而北。山南轉若趨而入海者峙於北，海北放若吞吐於山者瀦其南。山海之會，踞其雄而屹然者為關，若囊之括、瓶之口，以屏京畿而扼金、遼者，於是乎在，不如是不足以重於天下也。

　　羊祜曰：「自有天地，即有此山。」《易》曰：「王公設險，以守其國。」關之險，自明洪武間始設。昔之委為蔓草荒郊者，其世其年蓋已不可考矣。隋置臨渝於西，唐為榆關，東北古長城，燕秦所築，距關遠，皆不足輕重。金之伐遼，自取遷民始，李自成席捲神京，敗石河而失之。天之廢興，人之成敗，而決於山海之一隅。以一隅之地，決勝於一戰，而天下遂定。以天下之大而定於一隅，荒榛千百世之上而偏重於三百年間如茲關者，薄海內外曠古以來所未有也。

　　明正德中，守關才百人；今省屯戍，用關吏，覊行旅出入，

備非常而已。民生不驚烽火，休養熙恬，相安於用武之區，則會際升平，天下統於一矣。先是數十年，屯兵且數萬，統以宿將大臣，往來絡繹，擾攘無寧日，竭天下之金粟輸於關，而天下重困，關內外虔劉靡遺子，關益困而人心益危。然後知天下定則山海安，山海困而天下舉困，相為安危，一至是，其重可知也。三百年中，事變不常，時重時輕，又可知也，而古今視此矣。關之得名，當全盛之日，山若增而高，海若峻而深，而山海自若也。三百年而上，牧豎之所躋，漁人之所詠，而山海無損也。時重時輕者，人也，非山海也，此山海之所以重也。

份常薄遊塞上，徘徊山水間，顧未常一至山海。魯庵張公往往為份言，間讀志地書，具知其仿佛。公世家山海，而生長直沽，往來數是行也，某樹、某水，某丘，公益賦詩，請解裝以讀，公益面命之。份所知有更進於今者，則雖未常遊，而玉份於成，與秦塞無以異，此份之所厚望也。

鄭日奎

《軍陽山記》

渡葛溪而南可三十里許，有山單椒嶄絕，秀拔群阜之表，亭亭歷歷，與雲爭高。異而造之，無徑也。劣得徑焉，厭者媛徑，稍坦者樵牧徑，險矣。趾則怖然，目得快也。以目之快，敵趾之怖，得平焉。

更數十步，而奇愈出，攢峰林立，各極其氣勢以為勝。有特拔者，有競起者，崩欲壓者，奮欲翥者，高如瞰，下如仰者，銳者、禿者，回翔錯峙。凡十數山，實則此一山之分身為之也，殆

如神龍行空，煙雲擁護，肢體雖斷，固非數龍。

稍折，乃益陡，則益險。力為登頓間而趾忘其怖矣。山有多草少樹，樹有之，亦疏瘦羃冗，失樹理。石筍數枝，矗矗怒生，如旌幢，如刀槊。顧盼頃，如行武庫中，而山光漾之，隱躍浮動，似可奪以磨，舉以刺也。為登高瞭之，則奇愈出，不可詰，意緒留與煙嵐相歷亂，目若趾都自忘矣。乃無言久之。

詢厥名，或告曰：「昔有將兵過此者，軍於山之陽，山因以軍陽名。」按李華《過弋陽寄趙七侍御》詩，有「軍陽青嵯峨」之句。又，李翱《來南錄》：「至信州，望名陽山」，謂「怪峰直聳，似華山」云，意皆指此也。是當作軍陽，今昔異傳，遂兩仍之。

山下一溪，繞山西流，薈蔚翳之，競川漾綠，則軍陽江也。源發於隱士岩十餘里，至是而流漸大。從高下瞰，聲隱光發，蓋遇沙綺明，遇石珠濺矣。更七十折而合於葛溪。

《遊釣台記》

釣台在浙東，漢嚴先生隱處也。先生風節，輝映千古，予夙慕之。因憶富春、桐江諸山水，得借先生以傳，必奇甚，思得一遊為快。顧是役也，奉檄北上，草草行道中耳，非遊也，然以為遊，則亦遊矣。

舟發自常山、由衢抵嚴，凡三百餘里，山水皆有可觀。第目之所及，未暇問名，頷之而已。惟誡舟子以過七裡灘，必余告。越日，舟行萬山中，忽睹雲際雙峰，嶄然秀峙，覺有異，急呼舟子曰：「若非釣台邪？」曰「然矣。」舟所近，迫視之，所云兩

白，實兩峰也。台稱之者，後人為之也。台東西峙，相距可數百步。石鐵色，陡起江幹，數百仞不肯止。巉岩傲睨，如高士並立，風致岸然。崖際草木，亦作嚴冷狀。樹多松，疏疏羅植，偃仰離奇各有態。倒影水中，又有如遊龍百餘，水流波動，勢欲飛起。峰之下，先生祠堂在焉。意當日垂綸，應在是地，固無登峰求魚之理也。故曰：「峰也而台稱之者，後人為之也。」

　山既奇秀，境複幽茜，欲艤舟一登，而舟子固持不可，不能強，因致禮焉，遂行。於是足不及遊，而目遊之；俯仰間，清風徐來，無名之香，四山飄至，則鼻遊之；舟子謂灘水佳甚，試之良然，蓋是即陸羽所品十九泉也，則舌遊之；頃之‧帆行峰轉，瞻望弗及矣。返坐舟中，細繹其峰巒起止，徑路出沒之態，惝恍間如舍舟登陸，如披草尋磴，如振衣最高處。下瞰群山趨列、或秀靜如文，或雄拔如武，大似雲臺諸將相，非不傑然卓立，覺視先生，悉在下風，蓋神遊之矣；思稍倦，隱幾臥，而空濛滴瀝之狀，竟與魂魄往來，於是乎並以夢遊；覺而日之夕矣，舟泊前渚，人稍定，呼舟子勞以酒。細詢之曰：「若嘗登釣台乎？山之中景何若？其上更有異否？四際雲物，何如奇也？」舟子具能悉之，於是乎並以耳遊。噫嘻，快矣哉，是遊乎？

　客或笑謂：「鄭子足未出舟中一步‧遊於何有？」「嗟呼！客不聞乎？昔宗少文臥遊五嶽，孫興公遙賦天臺，皆未嘗身歷其地也。余今所得，較諸二子，不多乎哉？故曰以為遊，則亦遊矣。」客曰：「微子言，不及此。雖然，少文之畫，興公之文，曷處一焉，以謝山靈？」余竊愧未之逮也，遂為之記。

《醉書齋記》

　　于堂左潔一室，為書齋。明窗素壁，泊如也。設幾二，一陳筆墨，一置香爐茗碗之屬。竹床一，坐以之；大榻一，臥以之。書架書筒各四，古今藉片。琴磬塵尾諸什物，亦雜左右。甫晨起，即科頭拂案上塵，注水硯中，研墨及丹鉛，飽飲筆以俟。隨意抽書一帙，據坐批閱之；頃至會心處，則朱墨淋漓漬紙上，字大半為之隱。有時或歌或歎，或笑或泣，或怒罵，或悶欲絕，或大叫稱快。或唱咄詫異，或臥而思，起而狂走。家人友朋灶者悉駭愕，罔測所指，乃竊相議。俟稍定，始散去。婢子送酒茗書，都不省取，或誤觸之，傾濕書冊，輒怒而加責，後乃不復持至。逾時或猶未食，無敢前請者。惟內子時映簾窺餘，得間始進曰：「日午矣，可以飯乎？」余應諾，內子出復忘之矣，羹炙皆寒，更溫以俟者數四。及就食，仍挾一冊與俱認，啖且閱，羹炙雖寒，或且味變，亦不覺也。至或誤以雙箸亂點所閱，良久始悟非筆，而內子及婢輩罔不竊笑者。夜坐漏常午，顧僮侍無人在側。俄而鼾震左右，起視之，皆爛漫睡地上矣。客或訪余者，刺已入，值余方校書，不遽見，客伺久，輒大怒詬，或索取原刺，余亦不知也。益余性既嚴急，家中人啟事不以時，即叱出，而事之緊緩不更問，以故倉卒不得白。而家出鹽米諸瑣務，皆內子主之，頗有序，余以是尤所顧慮，而嗜益僻。他日忽自悔，謀立誓成之，商於內子。內子笑曰：「君無效劉伶斷飲法，只賺餘酒脯補五臟勞耶？吾亦惟坐視君沉湎耳，不能贊成君謀。」余悵然久之。因思余於書，洵不異伶於酒，正恐旋誓且旋畔，且為文字飲，個猶愈於紅裙耶？遂笑應之曰：「如卿言，亦復生。但為李

白婦、太常妻不易耳！」乃不復立戒，而采其語意以名吾齋，曰「醉書。」

《與鄧衛玉書》

閱來論諭，其論次僕文，似多假借，不敢當。至謂僕以京華清署，日與諸名公卿負海內文章重望者遊，以故風氣日上，似有所師承云云。僕捧讀之餘，不勝悚息。以僕文為佳，固未也；謂有師承，則無之矣。長安人物所萃，巨公名流多在焉，則就正有道，是其地；又僕前官翰林，文學臣也，近雖改部郎，部務亦甚簡，與讀書論文事不妨，是其時；又僕嗜詩文，嘗樂得從勝己者遊，非專已自足者比，是其人。以足三者，宜乎來諭云云乃爾也。抑知有大不然者乎？僕負性索拙且介，足下所知，雅不樂遊尊顯者門。或當遷除，朝參後，故例必往謁，不獲已，問道已經，得其狀，報甚，然不可免也，姑選焉。則必先賄閽者，為婉詞求其通閽者，猶不遽達，直曰：「屬方有公事，君且去。」約以他日。既不敢強，復不敢違約。如期往，或不值；值矣，則下馬拱立門外，閽者將刺入，良久，始出報曰：「屬方倦，少憩也。」或曰：「甫進餐。」或曰：「方與某客談未竟，忍姑俟。」乃引至別室中，几席略不備，苟然命坐。良久，口且燥，腹且饑，或疲欲就臥。當此之時，面目不可以告妻子，每憤起，欲棄去不顧，度於理又不可，勉俟之。良久，閽者趨前曰：「請見矣。」急從之入。相見時，尊顯者禮殊簡貴；坐定，慰勞外，寥寥數語，都不及文字。然公卿大臣立功報主，是其職也，固不當仍話措大生計；乃修己治人之方，經時濟物之道，略不一進教

之，豈我輩，未可與言耶？抑尊卑相見之禮，自古而然耶？茶罷，三揖而別，如是而已。如是者一且甚，其可再乎？

夫今之負海內文章望者，大半皆居顯貴、據要路者也。一旦以閑署郎宮驟通其門，而曰余以文章求教者也，誰則信者？今既無以厭閽者欲初至，必姑辭之；再則且箕踞以對；三往，鮮不笑且罵矣。此雖主人意必不然，然謁者之難，昔人已歎之，況我輩尚未得入其門，登其堂，奉其色笑；又安測主人意旨所在哉！僕性既拙且介，不工為佞，一旦作此舉動，足未進，口未言，面已發赤；即使請益有獲，所得幾何，所喪已大，是以離群索居，不能坐進於此道，明矣。

且夫文章信有師承，抑師又何常之有乎？韓得於《左》，柳得於《國》，盧陵得於西漢，眉山父子得於《戰國策》，固未嘗親炙其人，受其提命者也。昔有行路得師者，今名公卿手筆，固所景慕，然得其詩若文，讀而私淑之，足矣；無已，更進而求之古，亦足矣。外以欺於人，而內以欺於心，則豈鄭子所敢出哉？足下深於古者也，肯進而教之，以匡所不逮，亟請得執鞭以從。

李紱四篇

《無怒軒記》

怒為七情之一，人所不能無。事固有宜怒者，《詩》曰：「君子一怒，亂庶遄沮」是已。顧情之發也，中節為難，而怒為甚。血氣蔽之，克伐怨欲之私，乘之，如川決防，如火燎原，其為禍也烈矣！

吾年逾四十，無涵養性情之學，無變化氣質之功，因怒得

過，旋悔旋犯，懼終於忿戾而已，因以「無怒」名軒。

不必果無怒也。有怒之心，無怒之色；有怒之事，無怒之言。蓋所怒未必中節也。心藏於中，可以徐悟，色則見於面矣；事未即行，猶可中止，言則不可追矣。怒不可無，而曰「無怒」者，矯枉者必過其正，無怒猶恐其過怒也。

軒無定在，吾所恆止之地，即以是榜。

《趙殿成〈王右丞集箋注〉序》

注書難，注唐以前書尤難，蓋世遠則古書多亡不見，故雖博贍者猶難之，況未亡者尚多未見，安能注哉！今世注家，止取習見語填綴滿紙，稍稀僻即闕。嘗見吳中陋者注昌黎詩，首引《學而篇》釋「學」字，不覺失笑。世有未讀《魯論》，乃欲讀昌黎詩者耶？其有黠者，記問雖稍贍，又率誣古人以就己意。如虞山錢叟注少陵、義山詩，並誣以學佛，以自蓋其晚歲逃禪之謬。不知「身許雙峰」，「自表遊興耳」，「夜半安心」，蓋謝令狐楚授四六文法，於佛何涉？其舊解訛者未能駁正，反舉不訛者訛之，無益有害，何以注為？

乾隆丁巳，余奉命祭夏禹王陵，過錢塘，松穀趙君來見，出所注《王右丞全集》貽余。余方請急省覲，未暇展視，至家而憂居。逾三年，取其書讀之，則不陋且典，不黜且醇，異乎近世之為注者也。右丞唐人，又素學佛，乃僻事必注，而佛語則以為素所不習。其駁正舊說，不下百十條，其辨霓裳典七疊始有拍，以駁按樂圖妄說，則不惟注右丞詩，併可以糾新舊二《唐書》之謬，其有功於學者大矣。右丞晚節頗有訾訾之者，然其詩在盛

唐，名出少陵右。他文亦娟麗，自當有注。況其服藥取痢佯瘖，賦《凝碧池》詩，心未嘗忘君，惟未能引決耳。歐陽公謂老氏貪生，釋氏畏死。然則其不能引決，亦學佛誤之也，人可不慎所習也夫！

趙君從兄大司空，與餘同佐戶部，相親厚，其兩從弟谷林、意林，余皆識之，故樂為序云。臨川李紱題於京邸之紫藤軒東偏書屋。

《趙北口舟行記》

庚子奉命典浙江鄉試，以六月廿九日至趙北四。大雨後，湖堤泥淖深者近二尺，　肩輿不得行。泛小舟，由堤以南，延緣葦間，雨氣澄淡，草樹新出於沐。陰雲斑駁，日光不見，萍末微風，水波鱗皴，颯然如新秋。去岸稍遠，水漸清，一溝斜入深碧，左右葦葐森發。其淺者為葛陽草，苗葉類水稻垂垂葉穗。舟人云：「實如半針，粉之為餅餌。葦皆有課，此草恣民收采，貧者賴焉。其草以苫屋，縝密勝他草。」雲葦深綠，葛陽淺綠，層次相陵臨。

折而南，水加廣，涇渭歧出，荷花散漫菱芰間。荷已過盛，蓋晚出間，花瓣細瘦，萼不過數重，然風致綽約可喜，若麻姑毛女，無綺羅之侈，而清麗殊勝；又如羽人高士，翛然修潔，餐霞吸露，軒舉於霄際也。迤南一灣稍盛，紅光橫亙綠葉下，花與水中影相映發，蜿蜒連蜷，若雌雄虹霓，光景奇絕。

折而東，望湖堤九橋，遙見其五。舟與第六橋直，洞瞰堤北，綠堤與天相際。稍西，復南行，荷花參差，連六七里不絕。

余折取數朵置舟中，持其一，凝坐船舷，與水相映，若荷逐舟移，不覺為折枝也。笭箵籮簿，取魚具處處有之。洲渚頗有居民，時聞雞犬聲出葦荻間。藝植亦匪一，有藝藍者，臨水處往往列巨缸數十。詢之，蓋漚藍雲。蕩漾久之，日陰如故，風益清遠，鵁鶄魚翠不畏人，時時掠舟過，鵁鴿聲尤厲。

漸東，近堤行，堤柳綿連三四里，濃綠茂密，如頹雲黯霧，崩壓江岸。烏鵲喧噪盈耳。余初聞雞犬聲，若在村莊；既聞蛙聲，若徘徊故園水田間；及聞鵲喧，又若山行。計時僅半日，行可十二三里，乃千聞百睹，耳目變眩莫能測如此。顧念京邸羈棲，日驅馬囂塵烈日出，歸輒作惡。數年來，疊有遠行：丁酉滇南行萬里，昨歲粵東行八千里，今復為此行，藉使車所至，涉歷山川，心開目朗。追憶少賤從長老山林之遊，恍然可接。非皇上殊恩異數，誤加菲薄，烏得疊蒙任使，兼遊觀之樂於仕宦也哉！

吾聞浙江西湖之勝，為天下第一，餘凡三過，未遑縱遊，今秋矢精力，圖公事，或倖免隕越，事竣時，猶當放舟六橋上下，視今必尤有異矣。

《自撫州至弋陽記》

初六日，僕被出城，過文昌橋。積雨新漲，橋與波會，勢若溪動。至千金陂，大水，陂沒。呼舟洄旋而渡。過松湖復微雨，回望淒濕如晚春，悵然孤行。泥甚，舍路穿林間，與蛙、雀亂行數里許，所聞皆非耳目素習，亦悶中幽趣。雨漸息，就道秋田數十里，桑麻滿野。籬多以槿，槿皆花，倦眼為之明。

又渡，至許灣。灣為通市，四方賈人所集，喧雜摩擊，垂首

疾趨過之。日斜，至奧塘，驟雨如注，匿樹下，不可，復走至空舍，通雨者數十人，皆樸野，相顧錯愕如麋鹿。雨歇，寂然散去。

是日，宿波源橋，遇同鄉人，飲以酒。許寄任所負衣被。又行二日，至西門石，別去，遂獨至鷹潭。鷹潭多荷，連池接渠，既秋，猶花葉，死生相半，離披高下，風翻波宕，夕陽零亂，勢若千里。然急於買舟，不暇熟觀矣。

初八日登舟，舟人病目。舟數與岸觸，纜引之上，渡推之下，顛動如鳧沒然。急呼引纜人擲纜，聽其倒流，里許始走。同舟人各持篙梁佐之。行僅十里，至石鼓，泊焉。石鼓，山也，山全體皆石，絕似鼓。夜聞浪聲沉沉，咸以為鼓聲云。

明日至金沙，又明日至貴溪縣。日行不能三十里，同舟皆悶。舍舟登陸，尋勝地散行。貴溪山皆石，奇峭詭異，往往嵌入數丈，或在山額，或山腹、山趾，為岩不一。初行山間，至小隱岩而兩山合。岩在後山之趾，前山高削如屏，樹木下蔭。岩中小庵幽絕，望天不見。取岩下積水光為明。山嶺飛泉如雨，下注積水中，鏦錚如鐘、磬、笙、竽互作。游者呼為天樂。石壁苔蘚中，題詠甚眾。

緣後山東出，有石欄，曲折而上，至山額一岩，曰「師子岩」勢高敞，信州江在其下，一望無際。隔江城郭、山村、沙渚，曆碌滿眼。小隱奧如，師子曠如，皆絕勝。再北至五面峰，峰高而峭如刀削‧五面如一，故名。顛有屋數間，叢竹四周，與外隔絕。既下，至一線天，兩山上合，而下微隔成洞。洞中有石，口「龍舌」。舌上下皆可俯緣而入。既入，兩山後稍稍開，

望天才一線耳，大呼則兩山互應，若將崩。悚息里許始出，遂登舟。

十一日，泊舒家港。荒濱斷岸，淡州苦月。望隔河林木，都若浸入水中，淒寂不寐。明日日晏，始放舟，水漸枯澀，復登岸，平疇百里，桑麻深綠。柏林尤盛，交柯鬧葉，煙日虧蔽。同行或拾取莧陸雜菜為樂。田夫馴願可喜，問土名，曰「烏金米」云。倘佯久之，積悶暢然。是日至弋陽縣。

蔣士銓兩篇
《鳴機夜課圖記》

吾母姓鐘氏，名令嘉，出南昌名族，行九。幼與諸兄從先祖滋先公讀書，十八歸先府君。時府君年四十餘，任俠好客，樂施與，散數千金，囊篋蕭然，賓從輒滿座。吾母脫簪珥，治酒漿，盤罍間未嘗有儉色。越二載生銓，家益落，歷困苦窮乏，人所不能堪者，吾母怡然無愁蹙狀，戚黨人爭賢之。府君由是得復游燕趙間，而歸吾母及寄銓食外祖家。

銓四齡，母日授四子書數句，苦兒幼不能執筆，乃鏤竹枝為絲，斷之，詰屈作波磔點畫，合而成字，抱銓坐膝上教之。既識，即拆去。日訓十字，明日令銓持竹絲合所識字，無誤乃已。至六齡，始令執筆學書。先外祖家素不潤，歷年饑大凶，益窘乏。時銓及小奴衣服冠履，皆出於母。母工纂繡組織，凡所為女紅，今小奴攜於市，人輒爭購之；以是銓及小奴無襤褸狀。

先外祖長身白髯，喜飲酒。酒酣，輒大聲吟所作詩，令吾母指其疵。母每指一字，先外祖滿引一觥；數指之後，乃陶然捋鬚

大笑，舉觴自呼曰：「不意阿丈乃有此女！」既而摩銓頂曰：「好兒子，爾他日何以報爾母？」銓稚不能答，投母懷，淚涔涔下，母亦抱兒而悲，簷風幾燭，若揪然助人以哀者。

記母教銓時，組紃紡績之具，畢置左右，膝置書，令銓坐膝下讀之。母手任操作，口授句讀，咿唔之聲，與軋軋相間。兒怠，則少加夏楚，旋復持兒而泣曰：「兒及此不學，我何以見汝父！」至夜分寒甚，母坐於床，擁被覆雙足，解衣以胸溫兒背，共銓朗誦之；讀倦，睡母懷，俄而母搖銓曰：「可以醒矣。」銓張目視母面，淚方縱橫落，銓亦泣。少間，復令讀；雞鳴，臥焉。諸姨嘗謂母曰：「妹一兒也，何苦乃爾？」對曰：「子眾可矣；兒一，不肖，妹何托焉！」

庚戌，外祖母病且篤，母侍之，凡湯藥飲食，必親嘗之而後進；歷四十晝夜，無倦容。外祖母瀕危，泣曰：「女本弱，今勞瘁過諸兄，憊矣。他日婿歸，為我言：『我死無恨，恨不見女子成立。』其善誘之！」，語訖而卒。母哀毀骨立，水漿不入口者七日。閭黨姻婭，一時咸以孝女稱，至今弗衰也。

銓九齡，母授以《禮記》、《周易》、《毛詩》，皆成誦。暇更錄唐宋人詩，教之為吟哦聲。銓每病，母即抱銓行一室中，未嘗寢；少痊，輒指壁間詩歌，教兒低吟之以為戲。母有病，銓則坐枕側不去。母視銓，輒無言而悲。銓亦悽楚依戀，嘗問曰：「母有憂乎？」曰：「然！」「然則何以解憂？」曰：「兒能背誦所讀書，斯解也」。銓誦聲琅琅然，爭藥鼎沸。母微笑曰：「病少差矣。」由是母有病，銓即持書誦於側，而病輒能愈。

十歲，父歸，越一載，復攜母及銓，偕游燕趙秦魏齊梁吳楚

間。先府君苟有過，母必正言婉言規，或怒不聽，則必屏息，怒少解，復力爭之，聽而後止。先府君每決大獄，母輒攜兒立席前，曰：「幸以此兒為念。」府君數頷之。先府君在客邸，督銓學甚急，稍怠，即怒而棄之，數日不及一言。吾母垂涕撲之，令跪讀至熟乃已，未嘗倦也。銓故不能荒於嬉，而母教由是益以嚴。

又十載，歸。卜居於鄱陽。銓年且二十。明年，娶婦張氏。母女視之，訓以紡績織紝事，一如教兒時。銓生二十有二年，未嘗去母前；以應童子試，歸鉛山，母略無離別可憐之色。旋補弟子員。明年丁卯，食廩餼。秋，薦於鄉，歸拜母，母色喜。依膝下廿日，遂北行。母念兒輒有詩，未一寄也。明年落第，九月歸。十二月，先府君即世，母哭而瀕死者十餘次，自為文祭之，凡百餘言，樸婉沉痛，聞者無親疏老幼，皆嗚咽失聲。時行年四十有三也。

己巳，有南昌老畫師遊鄱陽，八十餘，白髮垂耳，能圖人狀貌。銓延之為母寫小像，因以位置景物請於母，且問母何以行樂，當圖之以為娛。母愀然曰：「嗚呼！自為蔣氏婦，嘗以不及奉舅姑盤匜為恨，而處憂患哀慟間數十年，凡哭母，哭父，哭兒，哭女夭折，今且哭夫矣。未亡人欠一死耳，何樂為？」銓跪曰：「雖然，母志有樂得未致者，請寄斯圖也，可乎？」母曰：「苟吾兒及新婦能習於勤，不亦可乎？鳴機課夜，老婦之願足矣，樂何有焉？」

銓於是退而語畫士，乃圖秋夜之景：虛堂四敞，一燈熒熒，高梧蕭疏，影落簷際。堂中列一機，畫吾母坐而織之，婦執紡車

坐母側，簷底橫列一幾，剪燭自照，憑畫欄而讀者，則銓也。階下假山一，砌花盆蘭，婀娜相倚，動搖於微風涼月中。其童子蹲樹根捕促織為戲，及垂短髮，持羽扇，煮茶石上者，則奴子阿童、小婢阿昭也。

圖成，母視之而歡。銓謹按吾母生平勤勞，為之略以進求諸大人先生之立言而與人為善者。

《歸舟安穩圖記》

圖曰「歸舟」，志去也；曰「安穩」，風水寧也。居士有母有婦有三子，生理全也。舟中有琴書，有酒樽茶灶，有僮婢、雞犬，自奉粗足也。岸樹著花，春波瀲蕩，遊鱗不驚，汀鷗相戲，生趣洽而機心忘也。慈顏和悅坐中央者，太安人也。衣淺碧側坐陪侍者，居士之婦也。倚太安人膝憑舷而咶者，三兒知讓也。小案橫陳，丱角坐對讀書者，大兒知廉、二兒知節也。執卷敧坐，臨流若有所思者，居士也。

太安人春秋五十有八，居士行年三十有九，婦少居士二歲。知讓甫六歲，知節長於弟三齡，少於兄亦三齡也。

乾隆癸未十二月朔，某自記。

樂鈞三篇

《羅臺山逸事》

羅臺山有高，江右人。嘗察孝廉，不汲汲仕進，抗志讀書，以博雅聞海內。能拳勇，善擊劍，風流雋爽，殊有奇氣。好購買古器鼎彝權律之屬，充列幾案。又好蓄奇石，有奇章、南宮之

癖。數千里外，獨行無僕從。

　　嘗慕蜀中瞿唐、灩澦、峨眉、劍閣山水之雄險，束裝獨遊。比返，載石盈舟，如百萬金寶，壓舟欲沉墜。處石以囊，其上者以縑帛。坐舟中捧運摩挲，終日不休。

　　舟子竊窺視，以為財也，夜相與謀，議殺客而分其有。舟子四：一老翁，其二為翁子，一為傭者。二子及傭者竊語，翁入閣，初皆秘之，翁詰不已，始以所謀告。翁驚曰：「噫！烏乎可？」二子曰：「厚利也，且易而無禍，何蒠焉？」翁不能止，歎息去。時羅已寢，忽驚覺，潛起，屬耳察之審，還就枕。

　　後數日，薄暮，舟泊荒江叢葦間。其傭請曰：「今日享神介福，願以餕餘為客壽，客其無辭！」羅曰：「甚善。」舟子喜，以酒肴進。羅知其酒，鴆也。置不飲。舟子陰異之，然欺其獨，夜度無所避匿，亦不固強。羅自出紹興釀一甕，傾杯大嚼，甕幾罄，偽醉，據榻滅燭寢。

　　頃之，三人各秉燭持刀入，刀晃晃如霜雪。一人舉刃就枕下悉力斫之，覺有異，驗之非人，蓋卷被為之，如酣臥狀。相與大駭，搜索，聞羅在別艙呼曰：「余在此。」一人奔之，忽飛一石起，中腕，腕傷刀落。二人次至，亦如之；遂突起擊，三人俱僕，拽而疊之，拾刀擬其項，笑曰：「余能前知，安得犯余？余無金，亦無點金術，爾曹何利焉？姑與爾曹戲，故不泄也；藉以殲厥敗類，聊逞余志。」

　　三人哀呼乞命，翁亦來跽請，羅麾之起曰：「翁無罪也，毋恐！」翁泣曰：「三人者，罪固不宥，然老朽之嗣，斬於是矣，幸仁人寬假之！」羅從容擲刀曰：「為翁故，貸爾曹死，亟革乃

心；脫復故態，必血吾刀矣。且孤蹤遠涉者，類能自保，如某猶其季指耳。遇之悉當善視，毋自取戾，搖尾態不足常恃也。」眾唯唯。於是共疑羅神人，奴僕事之。訖於既，不敢有貳。

《重修朝雲墓碑》

紫蘭香徑，佳人葬骨之鄉；青草平原，詞客招魂之地。是以太原博士，制西子之挽歌；同州使君，補清娛之墓誌。況復解禪天女，曾侍維摩；投遠孤臣，獨攜通德，釵分海，粉墮蠻煙，如東坡先生侍安朝雲者乎？

爾乃明妃族姓，命薄桃花；蘇小鄉親，家藏柳色。青蓮胎性，不為行雨之仙；白玉鐫名，偶共吹笛之婢。惟先生通犀自病，磨蠍為仇。既忤鈞衡，爰乞符竹，看花吉祥之寺，棹舟明聖之湖。姬以待闕之鴛鴦，為脫籠之鸚鵡。喬家碧玉，歌舞曾嫻；薛氏青衣，圖書特掌。小星一點，獲近文昌，片石三生，長依玉局。比之春娘換馬，溫女埋沙，斯獨幸矣。

已而眾煦漂山，二毛度嶺，謝公哀樂，已過中年；白傅遷謫，殊非樂土。雲房寄宿，況味則全似山僧；鶴觀移居，形容則方成病興。於時楊花亂落，燕子爭飛。嗟開閣之何遲，歎辭樓之不早。姬乃芳英戀樹，嬌鳥隨巢。井中之水無波，雪後之松益翠。嗟乎！昌黎北使，侍女潛逃；枚叔東歸，小妻不往。彼何人哉！豈不以義非匹敵，身可去留。遂乃忍負前盟，甘為怨耦。若姬之貞情獨摯，禪味同耽，伊可尚也。

然而瘴霧侵蒸，玉肌易瘦；炎雲鬱爍，冰胸詎耐？轉喉落淚，怕歌芳草之詞；卻粉洗妝，懶作梨花之夢。《金剛》忽誦，

歸臥竹根；瓊島孤行，難迎桃葉。良足悲已。

　　先生托詞麼鳳，比曲哀蟬，雖復心傷響板，淚零車鐸，淒感之懷，曷以喻之。嗚呼！生無金屋之藏，沒鮮玉魚之斂。塔仙空禮，山鬼為鄰。憶母則錢塘潮高，望夫則釣臺鄉遠。荒亭漏月，舊碣沉煙。靈蛻雖存，芳蹤斯沒矣。

　　夫其人稱仙妾，墓號賢姬，允宜推愛屋烏，觸悲蚊燕，重鑴山骨，式薦溪毛。豈有樹不成圍，花無含萼，而聽樵蘇踐壟，牧豎侵塋，榛蕪圮毀，如廢壘者焉！明湖十里，春水猶香；小山四圍，晚霞如繡。立石奠埋香之宅，汀水伊侯；濡毫灑墮淚之碑，臨川樂子。

《〈耳食錄〉自序》

　　搜神志怪，噫吁誕哉！雖然，天地大矣，萬物賾矣，惡乎有，惡乎不有？惡乎知，惡乎不知？僕鄙人也，羈棲之暇，輒敢操觚追記所聞，亦妄言妄聽耳。己則弗信，謂人信乎？

　　脫稿於辛亥，災梨於壬子。史公所謂「與耳食何異」者此也，遂取以名編。

　　乾隆壬子夏日，臨川樂鈞甫撰。

陳三立六篇

《讀〈鬼谷子〉》

　　《鬼谷子》始列於《隋志》，書凡十二篇，亡《轉丸》、《胠亂》二篇，益《陰符》七篇。自《戰國策》、太史公載蘇秦有揣摩之語，今書乃有《揣》篇、《摩》篇，後人所依附無疑也。柳

宗元稱《鬼谷子》險鷙峭薄，恐其妄言亂世難信。然吾觀其書，時刺機要，差益人神智，愈於他淺妄者所托。君子之於道也，涵納淳私，博綜萬類，取濟吾心之用已矣。《鬼谷子》要善得之，稽異情，解世難，亦所不可廢。

《船山師友錄敘》

敘曰：周衰，七十子之徒既歿，道術壞散。戰國之際，縱橫怪迂之變，益紛然淆亂，莫可統一。漢興，表章六藝，儒生朋興，掇拾大誼。越千年而有宋巨儒出，益究其說，道寬浸彰顯矣。其後頗復瞀亂，浸失其真，元明以降，代承其弊。國家肇基，黃氏、顧氏之倫，乃倡言復古，綜覽百代，廓絕流冗，厥風大醇。然其所明，典章文獻、製作道法之跡而已，而大道之要、微言之統，未暇明也。於時衡陽船山王先生，並世遺老，抗其孤夐卓犖之心，上契聖典，旁包百氏，蒙者發之，滯者通之，天人之蘊，教化之紀，次第昭列，自孟荀朱子以來，道術之備，於斯為盛。顧其書久而後顯，越二百有餘歲，鄉人湘陰郭侍郎嵩燾始尊信而篤好之，以為斯文之傳，莫大乎是。而吾友羅君正鈞，亦承侍郎之風，勤一世以盡心於先生之書者也。始補輯年譜若干卷，今復輯先生交遊終始所關，為《師友錄》，凡十有七卷。維夫師儒之守，炳於周代，《莊》、《荀》、《韓非》、《呂覽》於老墨之徒，類載其傳述淵源，使可識別。史遷《仲尼弟子列傳》益復燦然。漢世經生，尤重師法，《儒林傳》授受所出，咸具首尾。厥後群輔錄、別傳、淵源錄、學案之等，派別滋繁，不可殫記。是錄所托，略依其義，而頗相出入。其用力之勤，有過人

者。獨以謂先生亡國羈孤，窮荒略，與世暌絕，然是錄所攷列，尚百五十有一人。孔子曰：「德不孤，必有鄰。」益以推知鳥獸不可同群之誼，昭著明白。自天地剖判以來，遭極窮變，亦無能絕類離倫，孤成其學，自放於人紀之表。而士生季晚，發憤幽隱，私淑其人，不可復見。於是話言之所及，杖履之所接，皆若震動恪恭，愾慕流連，莫能自止。蓋攷其德而知其世，亡羅前聞，懷其舊俗，賢人君子，進退離合，流風餘思，有在於是者。《詩》曰：「我思古人，俾無訧兮。」太史遷曰：「附驥尾而名彰顯。非附青雲之士，惡能聲施後世哉？是羅君為書之志也。」

《黃子二十篇序》

自《漢志》兵家列權謀形勢陰陽技巧，後世祖之，略具於是矣。時移勢易，其為用固宜有不合。瀛海通荒外，崛起類無不以兵立國，日新月異，變不可測，尤有為吾國兵家所未備。然範之以心，造之以學，極之古今中外，莫不有同焉者也。黃子峙青，故久於兵間，習其得失利害，於是抉前哲之蘊，通萬方之略，著為言兵二十篇。要在明兵事，通性命之真，高尚無等，懲虛懲偽，以探其原，究其變，曠蕩微眇，其聲動心。獨念中國儼然丁未運，當交侵之沖，為覬覦之的，而疆域之廣、人民之眾，絜彼此之情勢而衛其國，必當師所長而多為之備決矣。然而數十年之間，塗飾觀聽之為效，何如耶？增一兵而負一兵之累，匪徒無益，而反有害者，日騰於竊笑者之口也。其故非一端，其弊非一日，無政無教，人才消乏，大本不立，張惶而圖之，勢且益蹙。乃預國聞者，猶貿然務竭舉國之力，剝膚剔髓，以給此無益反有

害之兵為名高，徒使閭閻虛耗，海內洶洶，側目而視，萬政且隨之弛敗，無能自舉，國亦日困，而危亡愈速於眉睫，豈不痛哉？故居今日而言兵，直為辭費而已。譬治病者，洞見病在膏肓，非可驟藥而愈，寧先求慎起居，節飲食，姑去其近死之具者，而後議藥。由是推之，吾國最為近死之具者何？設置無益而反有害之兵是也。其道蓋在首除汰其似兵而非為兵者，徐以訓成其非兵而可為兵者，國不因所豢之兵而致不可救，庶幾黃子之言乃有所麗而施，而或睹其效。黃子自序其書有曰：「罷其兵之役於力，不罷其兵之役於心。」嗚呼！此黃子之隱痛大願所由，發憤而為是書之微旨也歟？丁巳二月。

《故妻羅孺人哀祭文》

伊君在喪，淮潁之濱。十月既望，霜露繁凝。日暗風號，駭波千尺。親懿哀呼，截腸碎魄。回橈遵渚，及昏而斂。天人蕭寥，江空雲眩。有兒在乳，其兄五齡。奠君於棺，伏涕失聲。觀者沾襦，船人雨泣。母誑止兒，傑然以立。嗚呼已矣！余命之屯。窈窕山川，纏恨壘胸。舷音荒忽，掬彼汧流。疾走夷門，載輿於舟。嘶馬識途，雷音箭激。與君死別，生又何說。修渠清淺，影邁魂征。弭楫朱仙，喪車曳塵。廣漠周原，驊騮擁路。星轉風驅，伶傡恐怖。歲深雪滿，增冰峨峨。黃沙渺彌，限君於河。餘時北渡，涕洟霰集。騁眺佇思，儻假羽翼。朔日維吉，靈風引帆。鹵簿在郊，以迎輕棺。蕭寺城隈，佛場幽曠。沁流拱環，大行右轉。納於殯宮，賓朋戾止。魂兮歸來，風沙千里。惟君淑好，痛久逾新。十日衙齋，聲咳淒清。母病而呻，疇偕侍

側。兒嗔而啼，疇顧疇恤。皚皚嚴宵，霜階月上。涉目虛無，構君魂狀。錦襲角枕，君儼由房。含姊款言，攬引襦裳。瞿然顧呼，日光漏戶。鵲噪鴉飛，已失君處。吊影幽居，盛年銷落。被酒佯狂，恣為嘲謔。孰稔餘悲，君也則亡。淚竭精枯，曷日而忘？營齋就終，曰侑飲食。申哀累辭，訊究冥極。

《崝廬記》

西山負江西省治，障江而峙，橫亙二三百里，東南接奉新、高安諸山，北盡於彭蠡。其最高峰曰蕭壇，下紛羅諸峰，隆伏綿綴，止為青山之原，吾母墓在焉。墓旁築屋，前後各三楹，雜屋若干楹，施樓其上為遊廊，與母墓相望，取「青」、「山」字相並屬之義，名崝廬。

初，吾父為湖南巡撫，痛窳敗無以為國，方深觀三代教育理人之原，頗采泰西富強所已效相表裡者，仿行其法。會天子慨然更化，力新政，吾父圖之益自熹，竟用此得罪，免歸南昌，因得卜葬其地，明年，遂葬吾母。穴左，亦預為父壙。光緒二十五年之四月也。

吾父既大樂其山水雲物，歲時常留崝廬不忍去。益環屋為女牆，雜植梅、竹、桃、杏、菊、牡丹、芍藥、雞冠、紅躑躅之屬，又辟小坎，種荷養魚。有鶴二，犬、貓各二，驢一。樓軒窗三面當西山，若列屏，若張圖畫。溫穆杳藹，空翠翁然，撲幾榻，鬢眉、帷帳、衣履皆掩映黛色。廬右為田家，老樹十餘虧蔽之，入秋葉盡赤，與霄霞落日混茫為一。吾父滄蕩哦對其中，忘饑渴焉。

嗚呼！孰意天重罰其孤，不使吾父得少延旦暮之樂。葬母僅歲徐，又繼葬吾父於是邪！而崝盧者，蓋遂永為不肖子煩冤茹憾、呼天泣血之所矣。嘗登樓跡吾父坐臥憑眺處；聳而響者，山邪？演迤而逝者陂邪、疇邪？繚而幻者煙雲邪？草樹之深以蔚邪？牛之眠者、鬥者邪？犬之吠、雞之鳴、鵲鴟群錐之噪而啄、呴而飛邪？慘然滿目，淒然滿聽，長號而下。已而沉冥以思，今天下禍變既大矣，烈矣，海國兵猶據京師，兩宮久蒙塵，九州四萬萬之人民皆危懍，莫必其命，益慟彼，轉幸吾父之無所睹聞於茲世者也。其在《詩》曰：「誰生厲階，至今為梗。」又曰：「莫肯念亂，誰無父母？」曰：「凡今之人，胡憯莫懲。」然則不肖子即欲朝歌暮哭，憔悴枯槁，褐衣老死於茲盧，以與吾父母魂魄相依，其可得哉！其可得哉！盧後楹階下植二稚桂，今差與簷齊。二鶴死其一，吾父埋之於盧前尋丈許，親題褐曰「鶴塚」。旁為長沙人陳玉田家。陳蓋從營吾母墓工，有勞，病終崝盧云。

《王家坡聽瀑亭記》

匡盧王家坡之瀑，奇勝冠山北。顧自晉唐宋相嬗迄今代，人跡所不至，名輩所未紀，十載前乃為海客發其秘，游泳者趨焉，始稍播於眾。

庚午秋，余為山居鄰舊導往遊，道取小天池。東下行十里許，途塞排榛，莽折而北。亂石怒出森立，幾不可置履跳越。造其趾，聞水訇然，而穹崖帷張，延繡苔蘚。雙瀑吐崖隙，潴為潭，玲瓏澄澈，環映倒影。泄獺界巨石如席，可蹲，可坐臥。斜

緣絕壁，猿揉升出。雙瀑背別辟為廣場，天光乍開乍合，有白龍從天半垂胡，下飲碧海，則又一瀑也。巀崖疊石，錯落怪偉，所瀦潭功亦益深且廣。前瞰彭蠡，孤出鞋山浮鏡面。草樹含石氣吹噓，寒碧與眉須裾袂同色。其所擅景物如此，疑山南三疊泉、青玉峽諸勝莫能軒輊也。

造物既不終閟其藏，徒以徑路絕而攀陟艱，尋勝者往往苦之，咸議亟治道。而司山市皖人劉一公躬任其役，疏鑿營繕，逾月工竣。今年三月，余復往遊，於是易險而為夷，失畏途而獲康莊矣。未幾，一公踵置亭雙瀑下，名曰「聽瀑」，益便蘇筋骸，恣休憩，且使劫餘避亂之山中人娛目騁懷，寫幽憂、忘世變，非茲亭也欽？遂為綜述本末，刊諸石。

壬申四月，八十老人義寧陳三立。

吳嘉賓一篇

《翠微山記》

張際亮既讀書翠微山之僧寺，越八日，其友黃爵滋、吳嘉賓造焉。明日，際亮導以遊諸寺，遂至山巔，歷弛道左行，入盧師谷，下循澗，窮日之力乃歸。

又明日，將返順道，視前所不至者。際亮讀書之寺曰「大悲寺」，當山之半上。西北為龍泉庵，又上為香界寺，觀明亮禪師像。最高寶珠洞，皇帝御座在焉。洞頂至山巔二百步，其左峰為盧師，兩谷相隱如袴褶。谷中為證果寺，寺後祕魔崖，昔僧盧師講經，二龍化為弟子，即其處。有潭，今涸。順下道以次而降曰「三山庵」、「靈光寺」、「長安寺」。公主塔在靈光寺右，今坼，

其右建新塔。自大悲寺以下皆今名。往時西山嘗有四百餘寺，今或為上宮禁苑，或已毀，興廢之跡，蓋不可勝道也。

西山拱翼畿輔，士大夫休浴所嘗至。出郭門三十里，抵翠微麓，顧城垣宮闕，如瞻列星圓方，歷歷可指。獨餘三人乃登其顛，時天孟冬，烈風吹人。西望皆重岩如劍戟，雪被岩谷，渾河從砂石中流出，盧溝橋迤東如帶；南望良鄉浮圖；東望通州漕渠；北望平谷助薊門，足不易向而目已周。窮睇瀛海，與天無際。相與哨然歎息，以為士所至愈高，則所見愈遠，曠乎知形與物化同盡，寥乎知神與莽蒼同極。如是而蘄與世競旦夕之得失者，其亦可以息矣；無所競於世，則蘄有所得於己。際亮方以為何如也？際亮始與徐寶善、江開遊而作濤，爵滋今繼為之。

黃爵滋兩篇

《登祝融峰記》

山水如朋友遇合之緣，蓋亦有數。自予與徐東松諸君為盧岳之遊，一時勝踐，取決晤譚之頃，迄今逾三十年。今歲正月既望，由豫章發舟游楚，計過九江，當造東林，補遊山北諸勝，而風不得泊，乃迤趨武昌。迨三月既望，過洞庭，抵長沙，方定計遊衡嶽。東松尚客耒陽·馳使招之，以四月八日先至，謁嶽廟。蓋東松久蓄此誠，又與予契闊，久思一見也。予自湘潭攜兒子秩林陸行，赴衡山縣，以二十五日始至，晤東松旅次。次日偕赴嶽廟，假三元宮齋宿。又次日禮神畢，候楊八愚明府登嶽，適有案當詣驗，未至，東陽以腳疾不能往，興從方獨候予。雨，不果行、乃復與東松劇譚，歷探其所刻詩文集數十卷，間道古今興廢

出處大略。東松時作呻吟，予為快論豪辯，欲使忘其苦累也。東松既唔，予甚慰，期次日返耒陽。及晨見日出，予決計登祝融峰。候東松去已亭午，復陰以翳，予曰：「即冒雨行，亦快事也。」岳有五路，予所登為第一路，路盤紆而磴高廣。自嶽廟前循壽澗，經祝高峰，上南天門，僧雲谷、道士李寶林先在候。飲茶稍憩，人上封寺。將至寺門，則陰翳乍開，眾峰離離，悉出胯下。坐寺中，食頃，復見陰霧四塞，不辨庭字。予曰：「此去祝融絕頂僅二里許，頃已開矣，安知其不再開也。」將至，日炯炯果復出。

　　詣鐵瓦殿，肅拜畢，由門左扶掖踞磐石坐。石形塊聚，凹凸坼裂，周廣約數十丈，垂空萬仞，或曰即風穴也，其旁即雷池。於是九霄虛靜，六合夷曠。三湘九疑，噓吸無際。方凝睇間，則林莽坌湧，澗谷驟失，波濤重疊、勢與胸平。山或出一角，露一脊，如水中奇獸騰躍，僅隱隱可辨，所坐石若動搖作泛舟狀。予語秩林曰：「此雲海也，黃山之觀，不是過已。」蓋衡之奇在雲，自世附會昌黎禱嶽之說，遂若以雲為衡累者，惟明邱毛伯雲說所紀歷覽諸勝，與今所見略符。然謂雲之聚散，使山若隱若現，若可見若不可見，是則猶泥其跡，未渾其神。予因指以示諸導師曰：「今茲吾等不居然排雲而馭空乎？」適秩林遍覽諸石，上得大書篆刻「雲海」二字，殆前人所見，已悟到真實境界，非僅謂蕩吾心胸，如鐵腳道人之猶為虛鋒語也。已而奇處漸平，忽有隨風飛旋，如蓋著人頭上，復四垂而下，為一片白地光明。疑天在履局烏間，直不知若何變幻也。

　　逶迤循舊徑下、憩半山亭。從夕照中回望重巒，紫霧賴霞，

縈回天際，下瞰村郭，燦爛若繡綺。至玉版橋以東，則復聞夾澗瀑泉，與旁溪禽鳥相答，而聲色之妙遠，尤以絡絲潭為最。至廟，已曛黑，仍宿三元宮。

次日，返衡山縣，飲楊明府署中，明府為具舟適湘潭。又次日解纜。秩林請為記，因詳述之，以補前人之略；且寄耒陽，使東松聞之，亦如身遇之為樂也。

時道光戊申端一日書。

《請嚴塞漏巵以培國本折》

奏為請嚴塞漏巵，以培國本事：

臣維皇上宵衣旰食，所以為天下萬世計者，至勤至切；而國用未充，民生罕裕，情勢漸積，一歲非一歲之比，其故何哉？考諸純廟之世，籌邊之需幾何？巡幸之費幾何？修造之用又幾何？而上下充盈，號稱極富。至嘉慶以來，猶征豐裕，士夫之家以及鉅賈大賈奢靡成習，較之目前，不啻天壤。豈愈奢則愈豐，愈儉則愈嗇耶？臣竊見近年銀價遞增，每銀一兩易製錢一千六百有零。非耗銀於內地，實漏銀於外夷也。

蓋自鴉片流入中國，我仁宗睿皇帝知其必有害也，故告誡諄諄，例有明禁。然當時臣工亦不料其流毒至於此極。使早知其若此，必有嚴刑重法，遏於將萌。查例載，凡夷船到廣，必先取具洋商保結，保其必無夾帶鴉片，然後准其入口。爾時雖有保結，視為具文夾帶，斷不能免。故道光三年以前，每歲漏極數百萬商。其初，不過執終子弟，習為浮靡，尚知斂戢。嗣後，上自官府、縉紳，下至工商優隸，以及婦女、僧尼、道士，隨在吸食，

置買煙具，為市日中。盛京等處為我朝根木重地，近亦漸染成風。外洋來煙漸多，另有躉船載姻，不進虎門海口，停泊零丁洋中之老萬山、大嶼山等處，粵省奸商，勾通巡海兵弁，用扒龍、快蟹等船，運銀出洋，運煙入口。故自道光三年至十一年，歲漏極一千七、八百萬兩，自十一年至十四年，歲漏銀二千餘萬兩，自十四年至今，漸漏至三千萬兩之多。此外，福建、江浙、山東、天津各海口合之，亦數千萬商。以中國有用之財，填海外無窮之壑，易此害人之物，漸成病國之優，日復一日，年復一年，臣不知伊於胡底。

各省州縣地丁漕糧徵錢為多，及辦奏銀，皆以錢易銀，折耗大苦，故前此多有盈餘，今則無不賠墊。各省鹽商賣鹽，俱係錢文，交課盡歸銀兩，昔則爭為利藪，今則視為畏途。若再三數年間，銀價愈貴，奏銷如何能辦？稅課如何能清？設有不測之用，又如何能支？臣每念及此，輾轉不寐。

今天下皆知漏巵厄在鴉片，所以塞之之法，亦紛紛講求。或謂嚴查海口，杜其出入之路，固也。無如稽查員弁，未必悉公正。每歲既有數千萬之交易，分潤毫釐，亦不下數百萬兩，利之所在，誰肯認真查辦？偶有所獲，已屬寥寥，況沿海萬餘里，隨在皆可出入。此不能塞漏巵者一也。

或曰禁止通商，拔其貽害之本，似也。不知洋夷載入呢羽、鐘錶，與所載出茶葉、大黃、湖絲，通計交易，不足千萬兩，其中沾潤利息，不過數百萬兩，尚系以貨易貨，較之鴉片之利，不敵數十分之一，故夷人之著意，不在彼而在此。今雖割棄粵海關稅，不准通商，而煙船本不進口，停泊大洋，居為奇貨。內地食

煙之人刻不容緩，自有奸人搬運。故難防者，不在夷商，商在奸
民。此不能塞漏卮者二也。

　　或曰查拿興販，嚴治煙館，雖不能清其源，亦庶可遏其流。
不知自定例以來，興販鴉片者，發邊遠充軍；開設煙館者，照左
道惑人、引誘良家子弟例，罪至絞候。今天下興販者不知幾何？
開設煙館者不知幾何？而各省辦此案者絕少。蓋原粵省總辦鴉片
之人，廣設窖口，自廣東以至各省，沿途關口，聲勢聯絡。各省
販煙之人，其資本重者，窖口沿途包送，關津胥吏，容隱故行，
轉於來往海上借查煙為名，恣意留難勒索。其各府州縣開設煙館
者，類皆奸清吏役兵丁，勾結故家大族不肖子弟，索有聲勢，於
重門深巷之中，聚眾吸食。地方官之幕友、家人半溺於此。未有
不庇其同好。此不能塞漏卮者三也。

　　或又曰開種罌粟之禁，聽內地熬煙，庶可抵擋外夷所入，積
之漸久，不致紋銀出洋。殊不知內地所熬之煙，食之不能過癮，
不過興販之人用以摻合洋煙，希圖重利。此雖開罌粟之禁，亦不
能塞漏卮者四也。

　　然則鴉片之害，其終不能禁乎？臣謂非不能禁，實未知所以
禁也。夫耗銀之多，由於販煙之盛；吸煙之盛，由於食煙之眾。
無吸食，自無興販；無興販，則外夷之煙自不來矣。今欲加重罪
名，必先重治吸食。臣請皇上嚴降諭旨，自今年某月日起，至明
年某月日止，准給一年期限戒煙。雖至大之癮，未有不能斷絕。
若一年以後仍然吸食，是不奉法之亂民，置之重刑，無不平允。
查舊例，吸食鴉片者罪僅枷杖，其不指出興販者，罪杖一百，徒
三年。然皆係活罪。斷癮之苦，甚於枷杖與徒，故甘犯明刑，不

肯斷絕。若罪以死論，是臨刑之慘急，更苦於斷癮之苟延。臣知其情願斷癮而死於家，必不願受刑而死於市。惟皇上明慎用刑之至意，誠恐立法稍嚴，互相告訐，必至波及無辜。然吸食鴉片者，有癮無癮，到官熬審，立刻可辨。如非吸食之人，雖大怨深仇，不能誣枉良善；果系吸食，究亦無從掩飾。故雖用重刑，並無流弊。

臣查余文儀《臺灣志》云：「咬𠺕吧本輕捷善鬥，紅毛製造鴉片，誘使食之，遂疲羸受制，其地竟為所據。紅毛人有自食鴉片者，其法集眾紅毛人環視，係其人竿上，以煙擊之入海。故紅毛無敢食者。」今人中國之鴉片，來自英吉利等國，其國法有食鴉片者以死論。故各國只有造煙之人，無一食煙之人。臣又聞夷船到廣，由孟買經安南邊境，初誘安南人食之，安南人覺其陰謀，立即嚴刑示禁，凡有食鴉片者死不赦。夫以外夷之力，尚能令行禁止，況我皇上雷霆之威，赫然震怒，雖愚頑之人，沉溺既久，自足以發聵振聾。但天下大計，非常情所及，惟聖明乾綱獨斷，不必眾言皆合。誠恐畏事之人，未肯為國任怨，明知非嚴刑不治，托言吸食人多，治之過驟，則有決裂之患。今寬限一年，是緩圖也。在諭旨初降之時，總以嚴切為要。皇上之旨嚴，則奉法之吏肅；奉法之吏肅，則犯法之人畏。一年之內，尚未用刑，十已戚其八九。此皇上止辟之大權，即好生之盛德也。

伏請飭諭各省督撫，嚴切曉諭，廣傳戒煙藥方，毋得逾限吸食。並一面嚴飭各府州縣，清查保甲。預先曉諭居民，定於一年後，取具五家鄰右互結，仍有犯者，准令舉發，給與優獎。倘有容隱，一經查出，本犯照新例處死外，互結之人，照例治罪。至

如通都大邑，五方雜處，往來客商，去留無定，鄰右難以查察，責成鋪店，如有容留食煙之人，照窩藏匪類治罪。現在文武大小各官，如有逾限吸食者，是以奉法之人甘為犯法之事，應照常人加等。除本犯官治罪外，其子孫不准考試。地方官於定例一年後，如有實心任事，拿獲多起者，照獲盜例，請恩議敘，以示鼓勵。其地方官署內，官親、幕友、家丁仍有吸食被獲者，除本犯治罪外，該本管官嚴加議處。各省滿漢營兵，每伍取結，照地方保甲辦理；其管轄失察之人，照地方官衙門辦理。庶幾軍民一體，上下肅清。無論窮鄉僻壤，務必佈告詳明，使天下曉然於皇上愛惜民財、保全民命之至意。向之吸食鴉片者，自當畏刑感德，革面洗心。如是則漏巵可塞，銀價不致再昂，然後講求理財之方，誠天下萬世臣民之福也。

臣愚昧之見，是否有當，伏乞聖鑒，謹奏。

陳熾兩篇

《振興商務條陳》

中國之茶務，昔盛而今衰。以出口之數多寡較之，而了然可睹矣。嘉慶、道光以前，每歲出口之茶，約值銀五千餘萬兩。其時通商僅廣東一口，各省茶務均須販運粵東，出總商與西人定價。總商氣焰薰灼，不惟華商趨承恐後，即西商亦惟命是從，所謂「十三行」者是也。然而商務日興，稅收日旺，茶葉出口之數日益增多，此極盛之時也。既而諸行倒閉，五口通商，各省之茶，分由各口販賣。中國種茶之地，運茶之商，其數日增；而中國出口之茶，所值之數乃日少。至光緒二十年，出口總數僅值二

千二百餘萬金，較之嘉、道以前，頓減大半；稅釐之項，亦隨之而並減。

昔則茶少而值多，今則茶多而所值反少者，其故有三：

一則印度、日本之仿種大多也。英國當日銷中國之茶，歲約三千餘萬，恐利源外溢，銳意收回，遂於印度亞山地方，以重價雇募中國茶師，教土人以栽種制焙之法。綿亙二千里，茶樹成林。近復推廣於錫蘭一島，參用新稅制焙，無論制茶多少，色香味一律無殊。出口之時，不徵稅鈔，專以賤值與中國爭衡。上年出口之數，較中國多至一半。泰西自俄羅斯外，英、法、德、奧、意、比諸國，皆飲印度之茶，無復飲中國茶者，以其價廉商物美也。當日美國銷茶尤廣，自日本廣行仿種，亦減收出口稅，以機器製成，美國之利，盡為所奪。僉謂守此不變，再逾十年，中國茶葉必至無一箱出口而後已。此其攘奪利權者一也。

一則中國皆散商，洋商之抑勒太甚也。今中國之茶止銷俄國，購茶者皆俄商，即英、德各國商人，皆與俄商辦運者耳。自各國通商而後，中國富商大賈，尚能顧全大局，力與維持。惟千金、數百金之小商，資本無多，只求速賣。於是持雜偽質、跌價爭售之事起。洋商欺其愚懦，因而始則放價，繼則故意挑剔，低盤割磅之弊生，每以一人掣動全域。今年茶葉，萬不能留至明年，洋商不買，即無銷路。資本半由揭借，至期不得不還。遂相率以至賤之價哀求洋商購買，而折閱難堪矣。然應交之捐釐稅課如放也。因而傾家敗產，捲逃虧閉，無所不有，彼此視為畏途。通十年計之，幾無一年獲利者；通十人計之，幾無一人獲利者。茶市敗壞至於此極，尚忍言哉！此其把持商務者二也。

一則山戶與商人互相嫉忌，動輒抬價居奇也。茶自穀雨抽芽、採摘製焙而成，為時不過半月。粵商當日入山採買，知其急欲求售，勒價聯嚳，在所不免。山戶日久知商人以賤價買之而高價賣之也，遂故抬其價，任意居奇。山戶固不能不售，商人攜銀入山，亦復不能不買，比年遂多以高價買之山戶，以賤價賣之洋商者。山戶偶然獲利，而茶商無一不虧。他日必致有貨不能售，或皆洋人自行入山採買而後已。除一於口半稅外，捐釐盡付東流矣。此其敗壞市面者三也。

噫！茶務之江河日下，至於今日，譬之敝衣破屋，自上至下，自表至裡，皆腐朽敗壞，補救無從。似此絕大利源，惟有如秋空浮雲，聽其自生自滅商已矣。雖然，當無可設法之中，有四法焉，可以嘘枯吹生，使萬象頓回春意者，則在國家洞悉本源，以維持保護之而已。請質言之：

一曰參用機器。印茶濃厚，暗如雲商定普洱茶，然色味雖濃而馨香遠遜。而醫之考求飲食各品者，咸謂華茶性味和平，於人身有益無損；印茶燥烈，利少害多。雖積習難變，然此一語，即華茶由衰復盛之機。惟印度、日本之茶雖居次等，而機器製焙，精潔無論。中國製茶之時，最畏陰雨。若連雨十日，茶芽將老，不能不摘。葉含水氣，則以火烘之，甚則煙氣熏人，色香俱變。且人工炒焙，不能無優劣粗細之殊。洋商於百精中檢出一箱劣茶，餘均以劣茶定價。欲整頓一律，則時日迫促。天時既不能定，人力實不能齊，此必窮之道也。惟參用機器烘焙製炒。火候均勻，物皆精美。雖欲藉口挑剔，其道無由。而一人可作十人之工，所出之茶亦愈廣矣。且西商載茶回國，船行赤道之下，天氣

蒸鬱，時閱二旬，茶之稍次者往往黴變。西人喜用印茶者，由印度至泰西計時減十日，則黴變亦稍稀也。近日俄商在漢口、九江以機壓茶末製作茶磚，如古者「龍團」、「鳳團」之類，運至英、法各國，群喜購用，視若珍奇。因磚茶堅實，可儲數年，雖由赤道經行，色香味絲毫不變也。茶末為中國下乘，視同棄物，而西國珍之，俄商利之。設以佳茶製道，商人之貴重何如？此由華茶性質本佳，亦中國收回利權之樞紐也。宜飭各關道酌提款項，選募中外茶師各一人，密赴印度考驗製茶之法，購買機器，入山製造。壓磚機器，潯、漢已有十家，亦購一分入山，以佳茶試辦，仿「小龍團」舊式，精益求精。試辦有成，然後酌提官款以為之倡。令富商大貿廣集公司，多購機器，遍置出茶之地。馴至華茶，皆機器所制，則性質之美過於彼，製焙之箱同於彼。而茶商山戶一氣呵成，當日勒價抬價諸弊端，亦不禁而自絕矣。

二曰准設小輪。華茶之美者，以安徽之婺源、江西之甯州，福建之武彝、湖南北之羊樓峒等處為大宗。而婺源、寧州茶船均須度鄱陽，湖南北之茶大半須度洞庭。往往茶市屆期，阻風一二十日，後到之貨多受西人抑勒，虧折不支；亦有日久茶昧已變者。四省茶商，屢請自置小輪，在湖拖帶，以免逗留。而地方輒以無據之言橫相阻撓。其實捐釐一切已在山內徵收，出茶賣茶均有定地，何從偷越？徒苦商民而已。宜准令各商在鄱陽、洞庭兩湖置輪拖帶；或由官設立，酌收其資。惟四省茶船將及萬號，每湖必有小輪船十艘，梭織往來，然後茶市不致後期，行旅咸占利涉。保我商賈，即所以保此捐釐耳。由武彝至廈門，水陸程途亦多艱險，如能修一鐵路，則運資日省。商務日興，其所關均非淺

鮮也。

　　三曰創立公棧。西商雇輪挾資，買茶中國，決無空回之理。
華商之茶固不能不賣，彼西商亦不能不買也。而西商之敢於抑勒
者，皆由中國散商太多、跌價搶售之故也。欲合散為總，自非官
為聯絡增立引票不為功。然目下諸商皆無遠慮，況官商隔膜已
久，驟興此議，不以為體恤之而以為魚肉之也。日後假手吏胥，
則魚肉亦意中事耳。上年湘撫吳大澂備悉商艱，擬集商股為總
行。西商抑勒，即由總行購買，自運外洋，而不知其諸多窒礙
也。眾商稟覆，請抽小費，立公棧，故商各團自便，議亦無成。
由官不悉商請，不能主持定議。夫此公棧之說，即潛移默轉、合
散為總之報也。今日茶商運茶至埠，中國茶棧皆逼窄不能容。惟
洋行高大寬深，可以堆放，各就其素曾交易者運而入之。貨已入
行，價仍未定。嗣後欲移售他處；百倍艱難。如有小商同在一
行，以賤價先賣，則不得不吞聲忍氣，苟且成交，暗受西商之抑
勒矣。其故由於中國茶棧無地可容，故先入行，再行議價，種種
不便，從此而生。宜令江漢關道曉諭諸商，設立公棧，務極寬
廣，可容數十萬箱。每埠酌借官款十萬金，即能成事。賣茶之
後，按箱扣還。令茶船至埠之時，皆運存公棧，不准一箱先入洋
行。議價時可東可西，由吾操縱。散商搶售不顧大局者，公棧得
而罰之。則割盤磅放價勒價諸弊端，皆不去而自去。然後九江、
上海、廈門等處仿照辦理，華商氣象為之一新，大局有轉移之望
矣。

　　四曰暫減捐釐。西人喜用印茶者，豈不知印茶之不若華茶
哉？貪其價廉耳。印茶之廉，由於參用機器者半，由於不徵稅鈔

者亦半。華茶則稅鈔不能議減，捐釐方且議增，是驅之用印茶也。刻華茶銷路已減其半，及今不急思補救，日後將無茶商。既已無商，稅從何出？前赫德條陳其事，請減稅釐，無如督撫關道僅顧目前，動以款項支絀為言，置諸膜外。夫稅釐之短絀，由於商務之積疲。商務日興，稅務日旺。天下事固有多取之而不足，寡取之而轉見有餘者，莫切於今日之茶務矣。今出口稅及子口半稅關係洋息，未取輕議減收。至於內地釐金及各項山捐箱捐善堂捐外銷款項，均請一律暫減三成。俟他日茶務復原，再行規復，由部定議，請旨飭行。要之，捐釐減一分，華商多一分之生氣，即增一分之利源。洋而買一分之便宜，即廣一分之銷路。果便日漸振興，每歲仍銷至五千餘萬商，即不必規復舊額，而已多收一半之捐銀矣。明為恤商，暗實裕國。亦何苦刻舟求劍，病商病國，為叢驅爵，為淵驅魚，致中國茶利盡為印茶所奪哉。

　　此四者如能本末並舉，則華茶銷路必年廣一年。期以十年，不復道光以前之舊額者，無是理也。即有一二端見諸施行，當此積疲積困、水深火熱之時，亦必有成效之可見。惜中國官商情形隔膜，動以崇本抑末之說，視商人之盈虧成敗，漠然不加喜戚於其心。持此以與泰西各國通商，如下駑駘追蹤騏驥，必使中國盈天下無一官商，所有利權皆歸彼族，上下交困，仰人鼻息以為生，如今日之緬甸、暹羅、越南諸國。言及此，其可憂可懼可危者，又豈僅茶務一端而已哉！

《鑄銀條陳》

　　呈為敬陳管見，仰懇據情代奏事。竊維《夏書·禹貢》，惟

金三品。三品者何？金銀銅也。周興，以珠玉為上幣，黃金為中幣，刀布為下幣。恐上幣太貴，下幣太賤，乃高下其中幣，以制上下之用，故曰黃金者，用之量也。

蓋天下之財幣，惟貴能制賤，惟重能制輕，非三品兼權，不足濟生人之日用。

三代以前，聖神相繼，自黃帝以下，莫盛於成周，而文武當日理財，實以黃金為准，遂以車書一軌，九譯來庭。固由德化之覃敷，亦制馭之得其道耳。明初，紋銀之貴與黃金等，故俸餉地丁，概以紋銀出入，歲僅三百餘萬。而民間仍用銅錢，即以貴制賤，以重制輕之義也。萬曆以後，美國銀礦大開，運入中國。本朝沿明舊制，仍用紋銀。年復一年，度支漸以不敷，俸餉皆難自給，上既病國，下復病官、病民，何則？紋銀之價日賤日輕，不足以制物價之貴重也。

英吉利既得新三藩市，自鑄金錢，名之曰鎊。每鎊重二錢二分五釐，持以與各國通商，無能敵者。蓋暗合周法，得貴賤重輕相制之道，故能縱橫四海，獨擅利權。各國隱受其虧，不能不謀自立。美洲分國，亦鑄金錢，式與英等。嗣而法效之矣，德效之矣，俄效之矣，奧日意比效之矣。今日本亦效之矣，其與英鑄同者十之七八，不同者十之二。

蓋人貴我賤，人重我輕，必為人制。我貴人賤，我重人輕，必能制人。人貴我亦貴，人重我亦重，則雖不能制人，而亦可以自立，此必然之理也。各國制度不必仿英，而不能不仿英之鑄錢者，非有金錢，一通商即為人所制也。今各國皆有金錢，而中國獨不用不鑄，受害之巨，悉數難終，約略言之，原有四弊：

一曰國債。中國前時所借洋債尚少，然撥還期近，鎊價必拾，以十成計之，輒虧至二三成以上。今歲撥三千萬，歲虧二成，即多出銀數百萬兩。至於購炮購船，一切海防之費，無一物不買鎊，即無一事不受虧。若自鑄金銀錢，入之金銀之會，以鎊還鎊，彼自無辭，一也。

二曰商務。通商各口，買賣貨物，均須以鎊合銀，彼有千鎊之金錢，即可作萬金之貿易。我輕而彼重，即彼富而我貧。中國之匯號、銀號、典肆、錢莊，無不仰洋商之鼻息。以金鎊易紋銀易，以紋銀易金鎊難。是彼以一金鎊奔走華洋，華人已暗聽指揮，相率入牢籠之內，而平日出入虧累，所不必言。六十年來，中國商務所以永無起色，馴至今日，海疆各埠，無一富商，即偶有之，亦必倚洋商通緩急者，職此故也。自鑄金錢，通用金鎊，彼此之勢，始可持平，二也。

中國創開銀行以後，將與洋行通往來乎？抑不通往來乎？如通往來，必須金可通，銀可通，票亦可通，方無窒礙。否則買鎊賣鎊，必致受虧，亦與國債相等。如不通往來，其局面僅一匯票莊、官銀局耳。況國家萬一忽有急需，豈能自堅其說，則千日積之，一朝散之，反聚斂中國之現銀，以輸之外國矣。惟鑄用金銀錢，銀行鈔票亦以金銀錢為散，則四通八達，若網在綱，三也。

中國既開金礦，又不禁金出洋，是為授人利器。既不鑄金錢，又不用金鎊，是為自窒來源。今日銀賤於金三十餘倍，銅錢賤于金錢一萬餘倍，他日將金收盡，低昂其價值，以盤算中國之銀，則中國銀根立時短絀，市面立見動搖，生人養命之源，懸於人手。蓋貴能禦賤，重能禦輕，而輕斷不能禦重，賤斷不能禦

貴，此一定之理，雖聖王復起，無可如何也。惟鑄用金銀錢，則大局挽回，在此一舉，四也。

或曰，中國官民，上下所通用者銀耳，只須銀多，何患金少。此在通商以前可也，通商以後則不可；此後不通商可也，此後仍通商則不可。何以言之？今綜計天下釐金關稅鹽課稅，出於內地之商者，約二千餘萬兩，歲有所短；各海關洋藥釐稅，出於海疆各商者，亦二千餘萬兩，歲有所增。是海疆之貿易，已與內地相等。內地可以銀計，海口必以鎊計；內地之現銀少，海口之現銀多。頻年海溢川流，彼已將利權操之掌握，此後金銀價值，高下由人，尚能保此銀之長在中國乎？惟金銀並用，乃可輕重相權，且金錢輕便，所值較多，人可收藏一二文以防不測。是鑄用金銀，即藏富於民之上策也。

或又曰，中國金礦甫開，奈黃金不敷鼓鑄何？而無慮也。各國之鑄錢者，非皆自有金礦也，按時價購金鑄錢，已能敷用，況中國從古至今，稱黃金最多之國，只須廣開金礦，並由銀行金店按市價買金，斷無不足。現在情形可考而知者，海關出口黃金之數，歲值銀三千七百萬兩，計重二百餘萬兩。按照英鎊之重，可鑄金銀七百萬元。漠河一處出金歲亦在十萬兩內外。此外吉林、奉天、四川、雲南等處歲歲增多。外國鑄錢之機，皆金銀並鑄，惟鋼模不同，金重於銀一倍，金錢雖小，商分兩轉多也。故金多則鑄金錢，金少則鑄銀錢，從無停機待鑄之患。

總之，鑄金錢所以禦外，鑄銀錢所以安內，多鎊一金錢，即外國免一分盤剝；多鑄一銀錢，即內地免一分拮据。而以貴賤輕重之理，及現在情勢言之，則鑄銀錢猶緩，而鑄金錢乃彌急也。

請言自鑄金錢之利。天下各國所用之金，惟中國赤金，係十成足色，標金則九八也。各國所用器飾錢幣之金，自六成至九六而止，無能及標金者。因煉金無須化學，愈鍛愈純，故中國獨居上上耳。各國鑄錢之金，大略以八四為率，因成色低，則行用不便；成色高，則資本太多。當日英鑄通行，即係八四。他國仿英而鑄，亦以八四為衡，本不必十成足色也。匯本、馬加利等銀行，專做中國金銀交易，運金出口，並無稅釐。以彼八四之金錢，抵我十成之金價，是每金百萬兩·顯虧十六萬兩矣。今我取以鑄錢，則每金百萬兩，即可淨贏十六萬兩，合紋銀五百萬兩，其利之大如此。故鑄銅錢僅敷成本而已，鑄銀錢為國大利，鑄金錢則大利之尤。此項利源，理宜歸國，並應奏定程式頒行，以重其事，則源源遠鑄，美利開矣。

請言通用外國金鎊金錢之利。英鑄盛行而後，各國相率鑄錢，此國之金錢，不得通行於彼國，出入虧折，仍屬不便於民。惟中國自道光以來，外國之銀錢，銷流於海疆內地，中國行所無事，亦竟無弊端。蓋天下之錢，本供天下人之用，天無私覆，地無私載，日月無私照，則錢幣之流行天壤者亦然，此天下之公義也。銅錢如此，金錢可知。今自鑄金銀錢，而外國之金銀錢與中國分兩成色相同者，均准通用，則彼錢皆我錢也。在我振興商務，以貨易之而已。

夫天下萬事萬物，各有一至當不易之道，無中外古今，一也。自開闢以來，五千餘年，天下鑄錢之多，莫多於今日者。各國錢法之亂，亦莫亂於今日者。而有不多不亂者存，於何驗之？驗於天下人之便不便而已矣。便不便·於何驗之？驗於通行之廣

不廣而已矣。今英國之金鎊，通行已遍地球，美國、墨西哥鷹洋，所行亦占地球之大半。粵、鄂仿鑄，分兩相同，得其要矣。中國銅錢，雖僅行本國，而以禦小物，畸零分算，大益民生。此三者皆天下之至便，貴賤輕重，適得其權衡度量之所宜然，固圜法中至當不易之大道也。然天道後起者勝，利弊之故，歷久而始明。中國當此之時，會逢其適，實富貧強弱之一大轉機。天佑國家，時不可失，應請宸斷毅然，釐定圜法。飭下英美出使大臣，購買鼓鑄金銀錢機器一副來京，即於京師設立錢局。機器之大小，以每月能鑄金錢百萬元、銀錢三百萬元為度。明降諭旨，定圜法為三品，金錢為上品，成色輕重同英鎊，而龍文款式如銀錢。每金錢一枚，權紋銀七兩、銀錢十枚、銅錢十千。外國金鎊金錢，與中國分兩成色相同者，亦准通用。銀錢為中品，成色分兩款式，均照粵、鄂奏定之章，每銀錢一枚，權紋銀七錢、銅銀一千、五角小銀錢二枚、二角小銀錢五校、一角小銀錢十枚、五分小銀錢二十枚。外國銀錢與中國分兩成色相同者，均准通用。銅錢為下品，各省照舊鼓鑄，輕重以七分為率，適敷其成本而止。出入一律概以錢鈔各半為衡，明定火耗公費章程，由內外官吏自行酌定，請旨遵行，以資津貼。佈告中外，咸便聞知，嗣後有阻撓圜法，挑剔留難者，以違旨論。

京師錢局及粵、鄂各省鑄銀錢局，並請皇上准今酌古，賞銀嘉名，以著一朝濟變之經，開萬世同文之軌，提綱挈領，操矩持衡，萬化之原，權輿於此。伊古以來，安有堂堂大國、億萬人民而日鰓鰓然患寡患貧者？徒以鈔幣未定，民用不敷，物重錢輕，致成貧弱。以自鑄金錢立其本，以參用鈔票暢其流，以廣鑄銀錢

銅錢宏其用，以開礦務農、通商惠工諸事收其利而保其權，若網在綱，如金受範，遠師夏後，繼美周京，然而不強不富者，未之有也。

　　管蠡之見，是否有當，伏乞據情代奏，諸旨施行，無任悚惶激切待命之至。

參考文獻

清·紀昀等《四庫全書總目提要》

嚴可均《全上古兩漢魏晉六朝文》

逯欽立《全上古兩漢魏晉六朝詩》

宋·呂祖謙《宋文鑒》

《南宋文文錄》

清·《古文觀止》

陶淵明《陶淵明集》

鐘嶸《詩品》

劉勰《文心雕龍》

漢·司馬遷《史記》

《晉書》

《宋書》

《梁書》

《南史》

宋·歐陽脩、宋祁《新唐書》

宋·歐陽脩《新五代史》

元·脫脫《宋史》

《全唐文》

唐·韓愈《韓昌黎文集》

唐·盧肇《文標集》

唐·來鵠《來公集》

五代·王定保《唐摭言》

南唐·宋齊邱《化書》四庫本

宋·王欽若《冊府元龜》

宋·陳彭年《江南別錄》

宋·夏竦《文莊集》

宋·晏殊《文獻遺文》

宋·歐陽脩《歐陽脩全集》

宋·蘇洵《蘇洵集》

宋·曾鞏《曾鞏集》

宋·王安石《王安石集》

宋·王安禮《王魏公集》

宋·劉敞《公是集》

宋·劉攽《彭城集》

宋·蘇軾《蘇軾集》

宋·蘇軾《經進東坡文集事略》

宋·蘇轍《蘇轍集》

宋·孔文仲、孔武仲、孔平仲《清江三孔集》

宋·孔平仲《孔氏談苑》

宋・李覯《盱江集》中華書局點校本 1980 年版

宋・黃庭堅《山谷集》

宋・呂南公《灌園集》

宋・劉弇《龍雲集》

宋・汪藻《浮溪集》

宋・周必大《益國周文忠公全集》

宋・胡銓《澹庵文集》

宋・楊萬里《誠齋集》

宋・洪皓《松漠紀聞》

宋・洪适《盤洲文集》

宋・洪遵《翰苑遺事》

宋・洪邁《容齋隨筆》

宋・朱弁《曲洧舊聞》

宋・朱松《韋齋集》

宋・朱熹《晦庵集》

宋・朱熹《朱子語類》

宋・李燾《續資治通鑑卷長編》

宋・楊萬里《誠齋詩話》

元・馬端臨《文獻通考》

清・顧炎武《日知錄》

吳海、曾子魯主編《江西文學史》，江西人民出版社 2005 年版

郭預衡著《中國散文史》，上海古籍出版社 2002 年版

周鑾書　姚公騫主編《江西古文精華叢書》散文卷，江西人

民出版社 1998 年版

　　李舜臣、歐陽江琳著《「漢廷老吏」虞集》，江西高校出版社 2006 年版

　　虞集《道園學古錄》，四庫全書本

　　虞集《道園遺稿》，四庫全書本

　　歐陽玄《圭齋文集》，四庫全書本

　　揭傒斯《文安集》，四庫全書本

　　黃溍《文獻集》，四庫全書本

　　劉壎《水雲村稿》，四庫全書本

　　程　夫《雪樓集》，四庫全書本

　　吳澄《吳文正集》，四庫全書本

　　王炎午《吾汶稿》，四庫全書本

　　梁寅《石門集》，四庫全書本

　　劉將孫《養吾齋集》，四庫全書本

　　傅若金《傅與礪詩文集》，四庫全書本

　　危素《說學齋稿》，四庫全書本

　　楊萬里《東里集》，四庫全書本

　　王世貞《弇州四部稿》，四庫全書本

　　解縉《文毅集》，四庫全書本

　　金幼孜《金文靖集》，四庫全書本

　　王直《抑庵文集》，四庫全書本

　　廖道南《殿閣詞林記》，四庫全書本

　　胡儼《頤庵文選》，四庫全書本

　　梁潛《泊庵集》，四庫全書本

李時勉《古廉文集》，四庫全書本

夏元吉《忠靖集》，四庫全書本

羅玘《圭峰集》，四庫全書本

何喬新《椒邱文集》，四庫全書本

夏良勝《東洲初稿》，四庫全書本

羅洪先《念庵文集》，四庫全書本

何廷仁《善山語錄》，四庫全書本

劉元卿《賢奕編》，四庫全書本

賀複征《文章辨體匯選》四庫全書本

《欽定啓禎四書文》四庫全書本

湯顯祖著，徐朔方箋校《湯顯祖詩文集》，上海古籍出版社1982 年版

《清朝文征》（清）吳翌鳳編，吉林人民出版社，1998 年

《清史稿·文苑傳》趙爾巽、柯劭忞等撰，中華書局，1977 年

《清史列傳》王鐘翰點校，中華書局，1977 年

《清人詩文集總目提要》柯愈春著，北京古籍出版社，2002 年排印

《清人文集別錄》張舜徽著，華中師範大學出版社，2004 年

《黃宗羲全集》黃宗羲著，浙江古籍出版社，2005 年

《牧齋有學集》（清）錢謙益著，錢曾箋注，錢仲聯標注，上海古籍出版社，1996 年

《清文舉要》錢仲聯選，安徽教育出版社，1989 年

《清文選》劉世南、劉松來，人民文學出版社，2006 年

《明遺民錄》孫靜庵編，浙江古籍出版社，1985 年

《中國文學大辭典》錢仲聯編，上海辭書出版社，1997 年

《中國文學家大辭典》（清代卷）錢仲聯主編，中華書局 1996 年

《中國近代文學大系》錢仲聯主編，上海書店出版，1991 年 排印本

《國朝詩人征略》張維屏著，中山大學出版社，2004 年

《現代名人小傳》沃丘仲子聯編，中國書店，1988 年影印

《冬青書屋文存》卞孝萱著，陝西人民出版社，2008 年版，

《江浙訪書記》謝國楨著，生活‧讀書‧新知三聯書店，1985 年

《中國近世戲曲史》青木正兒著，作家出版社，1958 年重印

《中國歷代著名文學家評傳》山東大學文史哲研究所主編，山東教育出版社，1989 年

《中國散文史》陳柱著，商務印書館，1998 年

《中國古代文學史長編》郭豫衡主編，首都師範大學出版社，2000 年

《中國散文史》郭預衡著，上海古籍出版社，2002 年

《江西文學史》吳海、曾子魯主編，江西人民出版社出版，2005 年

《江西通觀》陳星、鄭克強主編，人民日報出版社，1986 年

《江西通史》陳文華著，江西人民出版社，1999 年

《江西古文精華叢書》周鑾書主編，江西人民出版社

《贛文化通志》李國強、傅伯言主編，江西教育出版社，

2004 年

《江西省志人物志》編纂委員會編，方志出版社，2007 年

《四照堂集》（清）王猷定著，豫章叢書本

《魏叔子文集》（清）魏禧著，中華書局，2003 年

《懷葛堂文集》（清）梁份撰，齊魯書社，1997

《易堂九子散文選注》戴存仁、邱國坤選注，花城出版社，2001

《魏禧文論選注》（清）魏禧著，周書文等編，江西人民出版社，1984 年

《穆堂初稿》李紱著，《續修四庫全書》影印本，上海古籍出版社，1995 年版

《忠雅堂集校箋》（清）蔣士銓著，邵海清校、李夢生箋，上海古籍出版社，1993 年

《散原精舍詩文集》陳三立著，李開軍校點，上海古籍出版社，2003 年

《賀貽孫考》羅天祥編著，江西人民出版社，1998 年

《汀江府志》李紱撰，影印本，超星電子版

《寧都直隸州志》重印本，超星電子版

《南昌縣志》魏元曠撰，1970 年版

《江西通志稿》吳宗慈撰，江西省圖書館 1984 年油印本

　　《贛文化通典・古文卷》對歷代江西籍文人的散文創作進行疏理，其中有少量的駢文創作和早期的辭賦創作，初步勾勒出古代江西古文發展的歷史。該書的撰寫工作自二〇〇七年啟動，得到學校的大力支持。在查找資料過程中得到了兄弟單位提供的便利和　明，該書初稿由南昌大學易平教授審閱和指正。定稿之時，由江西省社會科學院胡迎建研究員審定，指出了一些錯誤並提出很多寶貴的修改意見。撰寫過程中還參考了前賢諸多的研究成果，在此一併致以誠摯的謝意！

　　《江西古文》在全體編委的努力下，經過五年時間的緊張撰寫，終於順利完成。全書的具體分工是：

　　第一編唐及唐以前的江西古文、第二編兩宋江西古文為王德保教授編撰。

　　第三編元、明二代江西古文為朱潔老師編撰。

　　第四編清代江西古文、第五編近代江西古文為鄒豔老師編撰。

　　附錄部份即江西歷代古文選的分工基本遵照正文部份的分工：唐及唐以前、宋代部份的文選為王德保選編，元、明部份為

朱潔老師選編，清和近代部份為鄒豔老師選編。

　　我們深知在五年時間內編寫一部江西古文通史並非易事，不足之處在所難免，尚祈專家學者指正。

江西文庫 A0701B04

贛文化通典（古文卷） 第四冊

主　　編　鄭克強
版權策畫　李　鋒
責任編輯　林以邠

發 行 人　陳滿銘
總 經 理　梁錦興
總 編 輯　陳滿銘
副總編輯　張晏瑞
編 輯 所　萬卷樓圖書股份有限公司
排　　版　菩薩蠻數位文化有限公司
印　　刷　維中科技有限公司
封面設計　菩薩蠻數位文化有限公司

出　　版　昌明文化有限公司
桃園市龜山區中原街 32 號
電話 (02)23216565
發　　行　萬卷樓圖書股份有限公司
臺北市羅斯福路二段 41 號 6 樓之 3
電話 (02)23216565
傳真 (02)23218698
電郵 SERVICE@WANJUAN.COM.TW
大陸經銷　廈門外圖臺灣書店有限公司
　　電郵 JKB188@188.COM

ISBN 978-986-496-341-6
2018 年 1 月初版
定價：新臺幣 320 元

如何購買本書：
1. 轉帳購書，請透過以下帳戶
　　合作金庫銀行　古亭分行
　　戶名：萬卷樓圖書股份有限公司
　　帳號：0877717092596
2. 網路購書，請透過萬卷樓網站
　　網址 WWW.WANJUAN.COM.TW
大量購書，請直接聯繫我們，將有專人為您
服務。客服：(02)23216565 分機 610

如有缺頁、破損或裝訂錯誤，請寄回更換

國家圖書館出版品預行編目資料

贛文化通典. 古文卷 / 鄭克強主編.-- 初版.
-- 桃園市：昌明文化出版；臺北市：萬卷
樓發行, 2018.01
　　冊；　公分
ISBN 978-986-496-341-6 (第四冊 ：平裝). --
1.古文 2.文學評論
672.408　　　　　　　　　　107002003

本著作物經廈門墨客知識產權代理有限公司代理，由江西人民出版社授權萬卷樓圖書
股份有限公司出版、發行中文繁體字版版權。
本書為金門大學華語文學系產學合作成果。　　　　校對：陳裕萱